Des Bébés animaux
Livre de coloriage

Coloring Pages for Kids

Coloring Pages for Kids
An imprint of Ciparum LLC

Des Bébés animaux Livre de coloriage
© 2017 Ciparum LLC
All rights reserved.
ISBN-10:1-63589-320-8
ISBN-13:978-1-63589-320-5

Coloring Pages for Kids

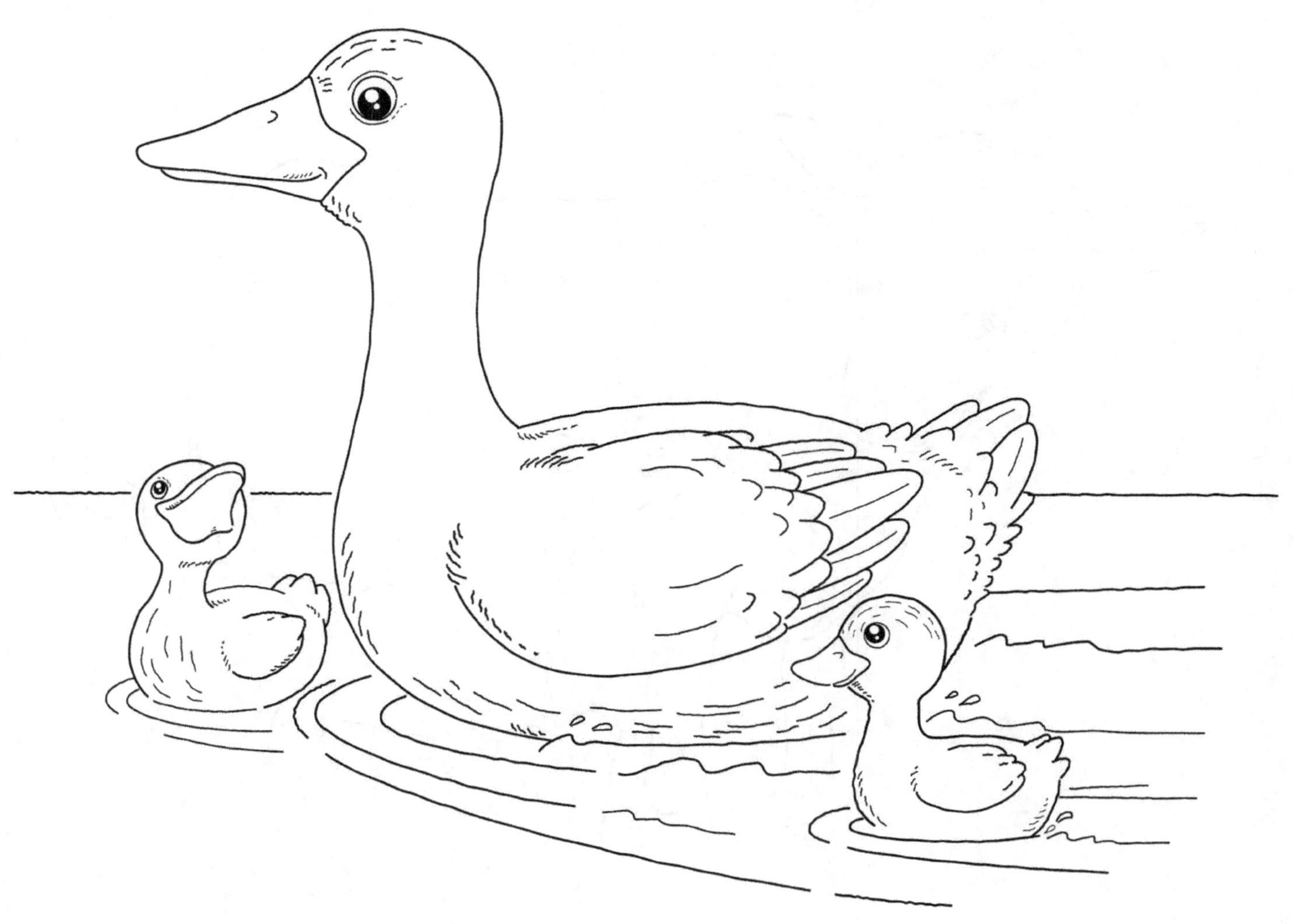

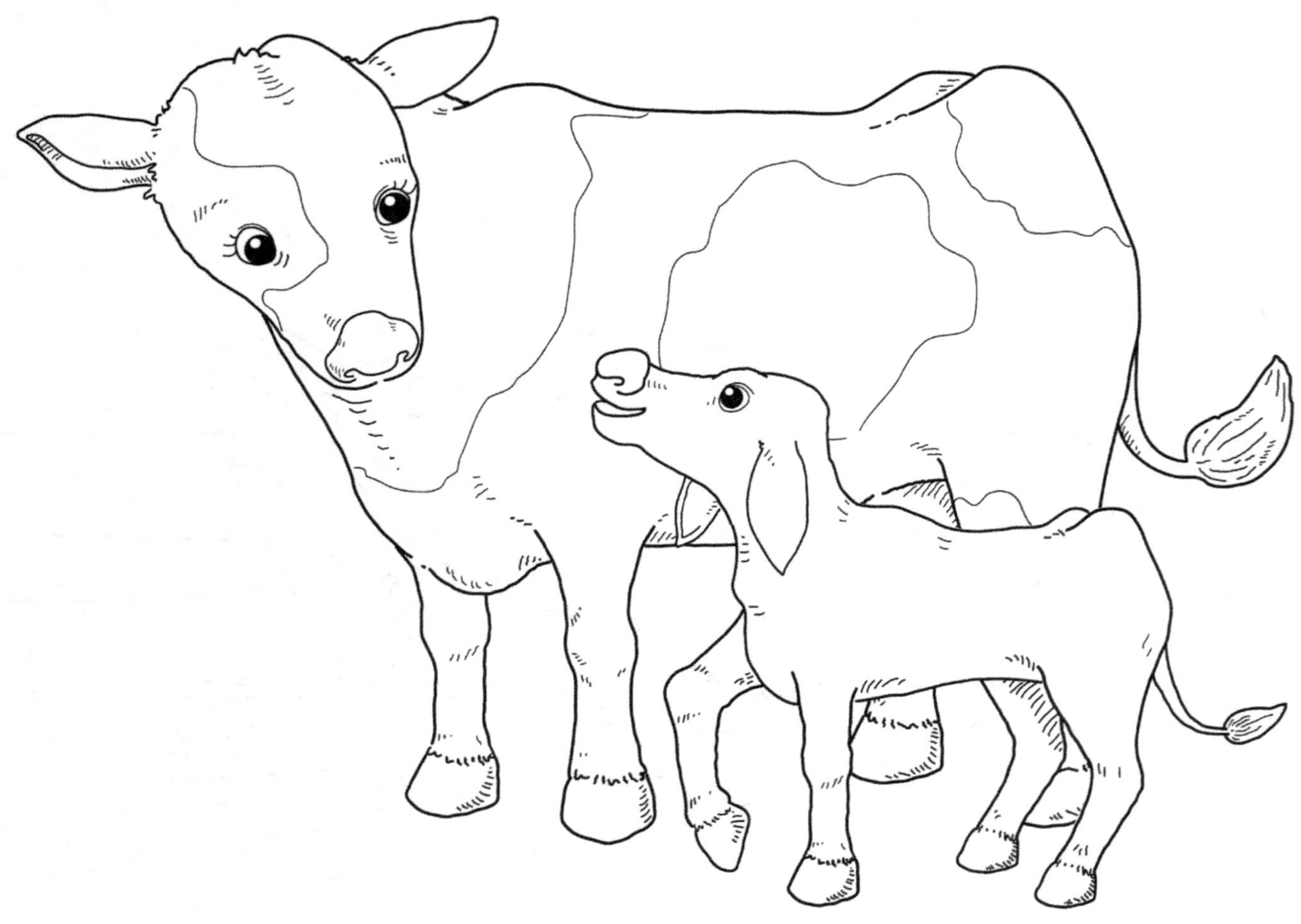

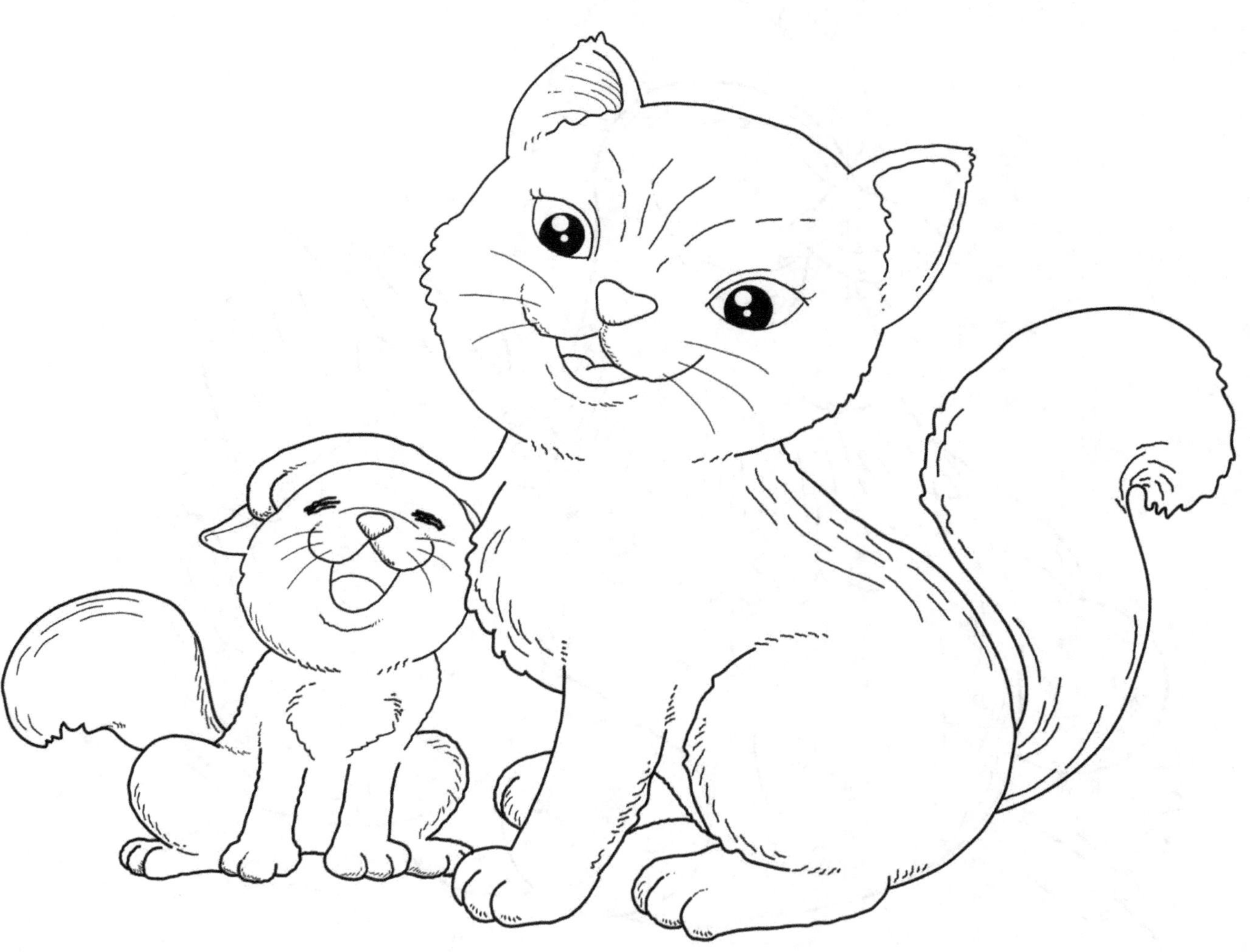

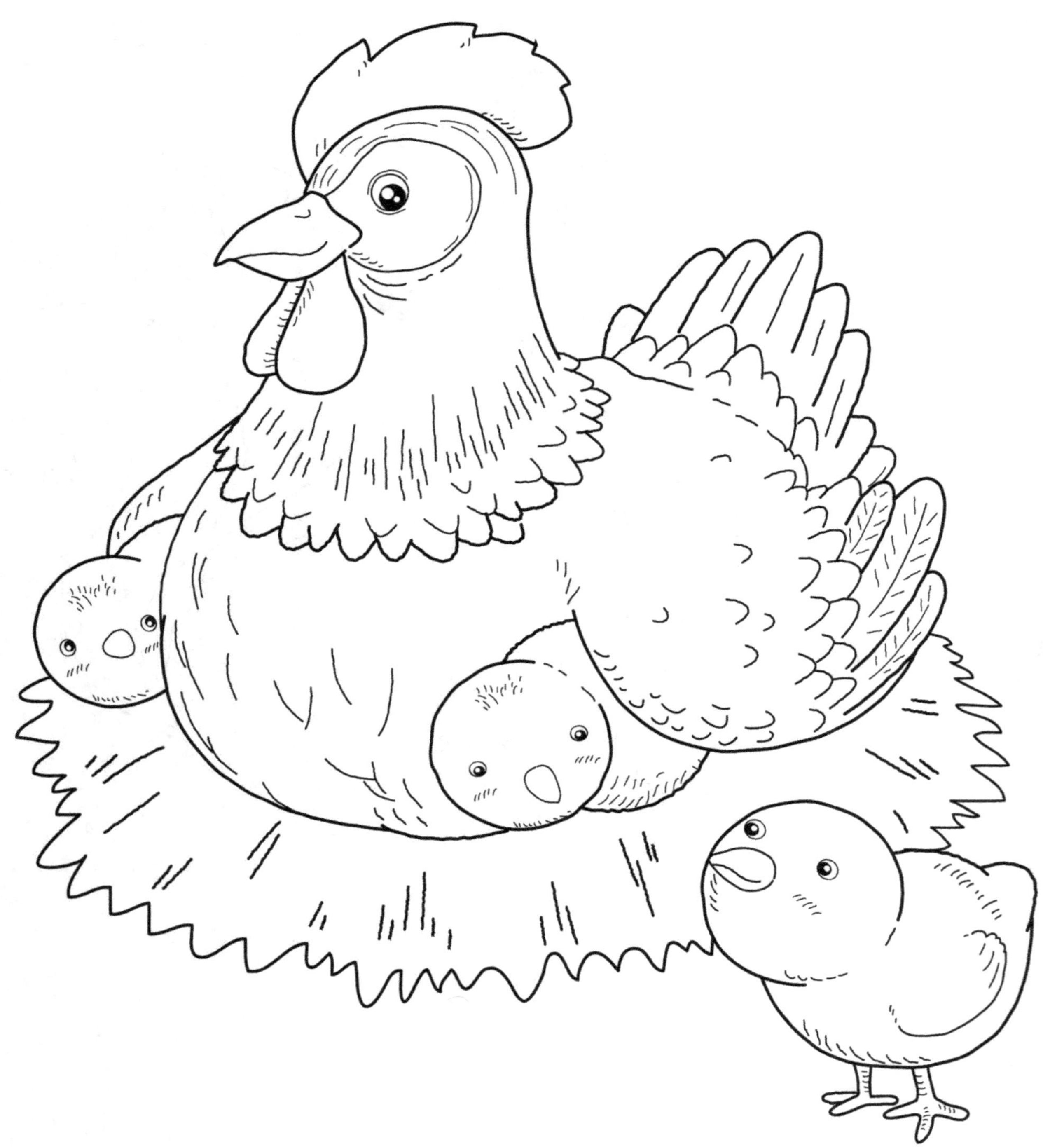

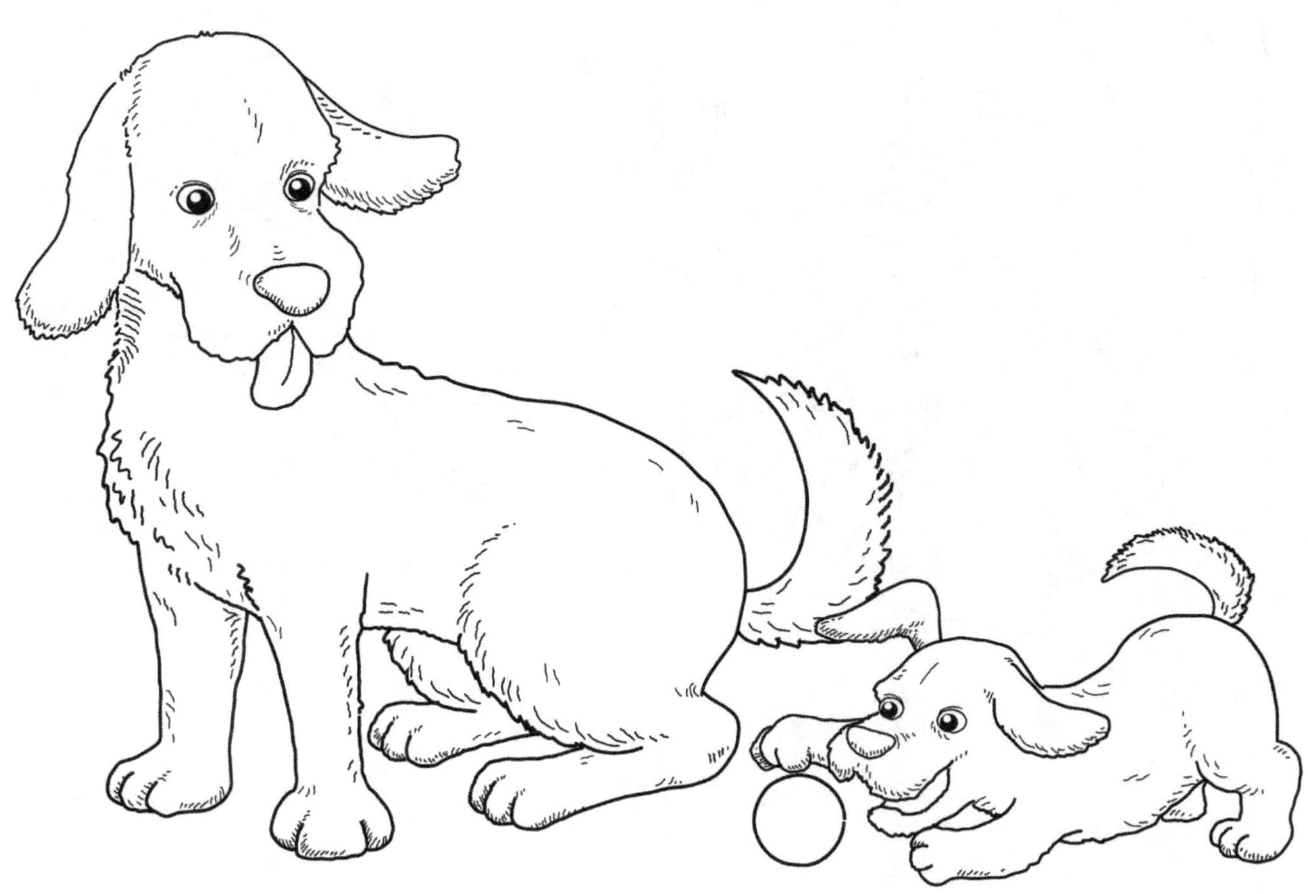

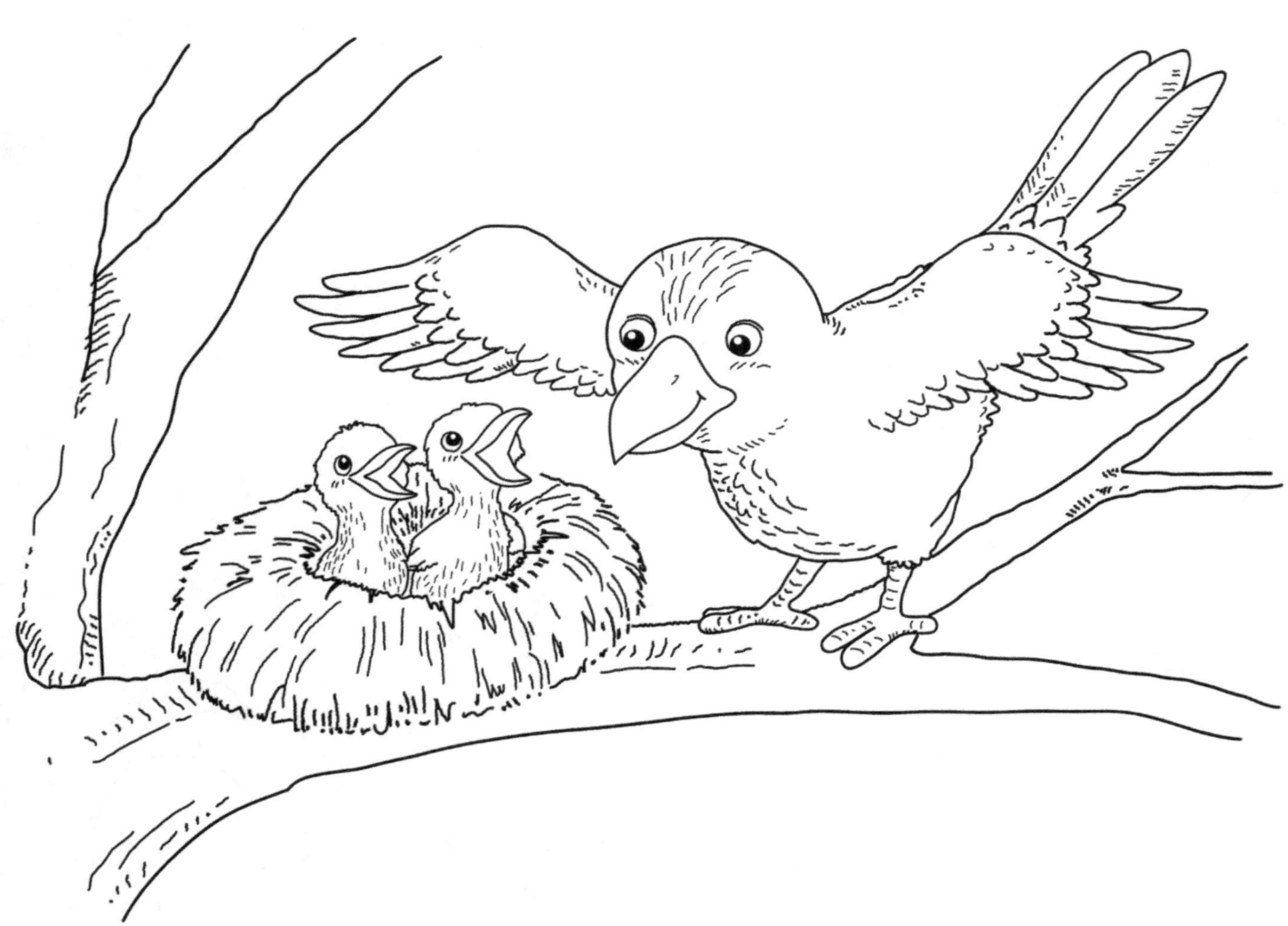

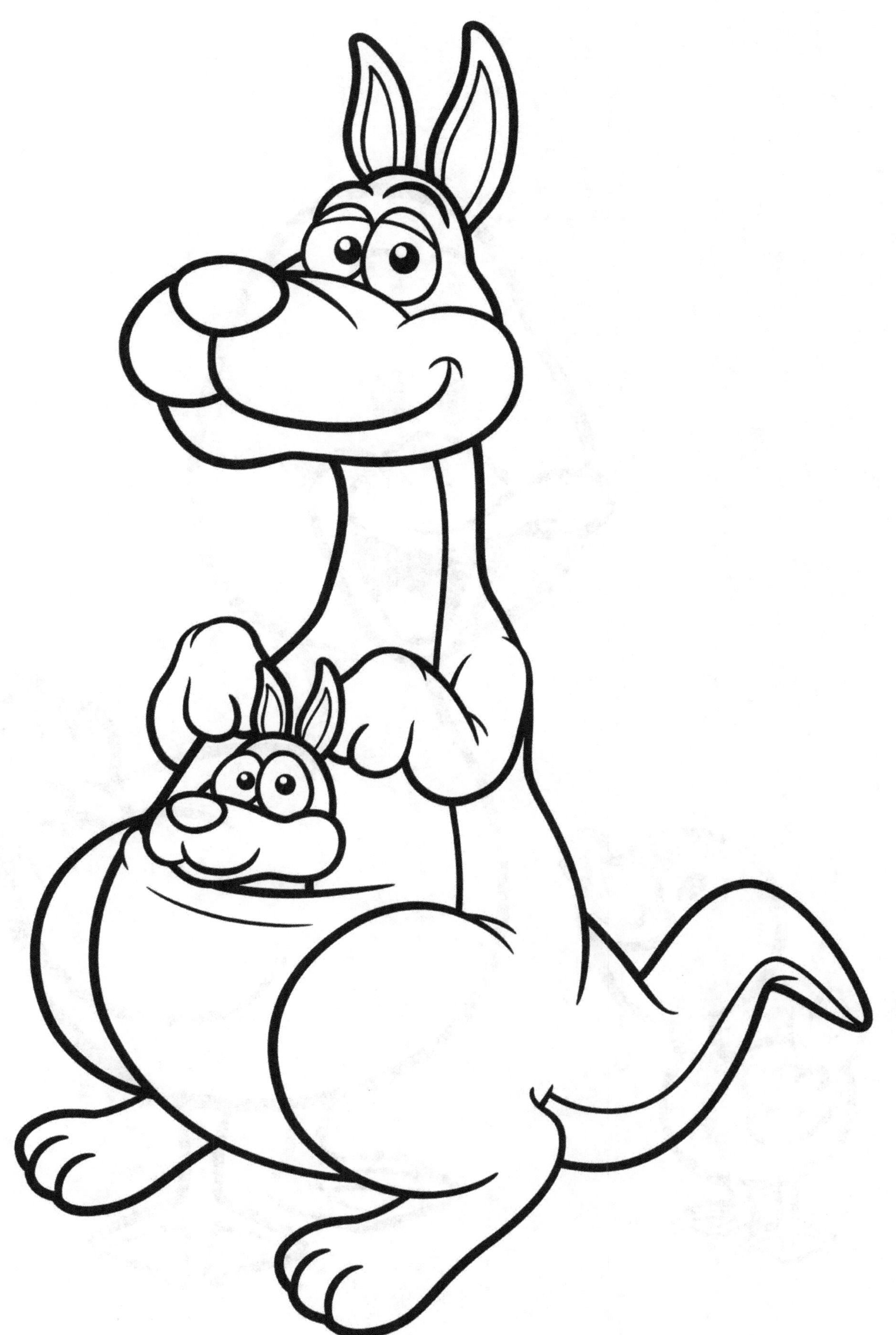

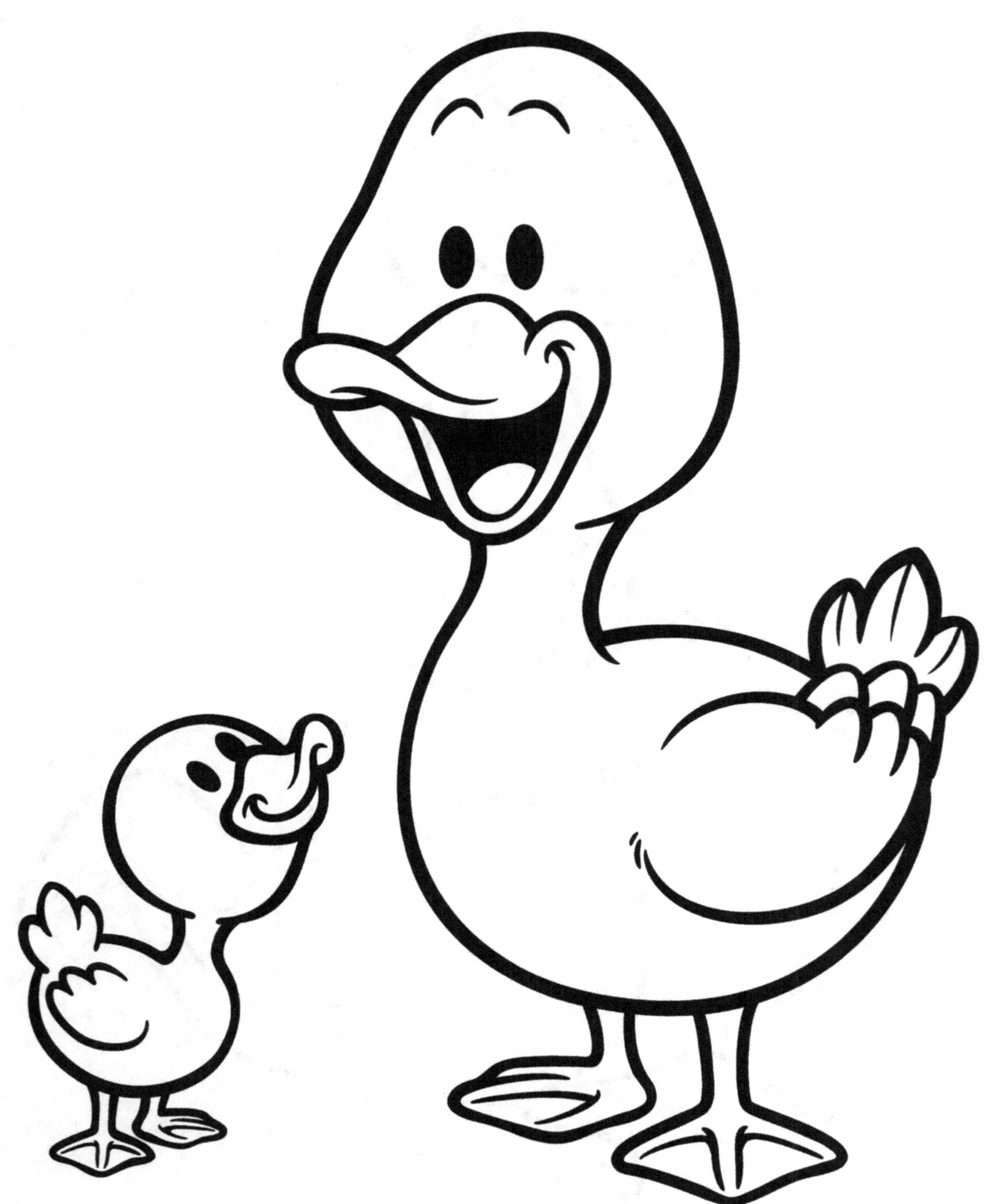

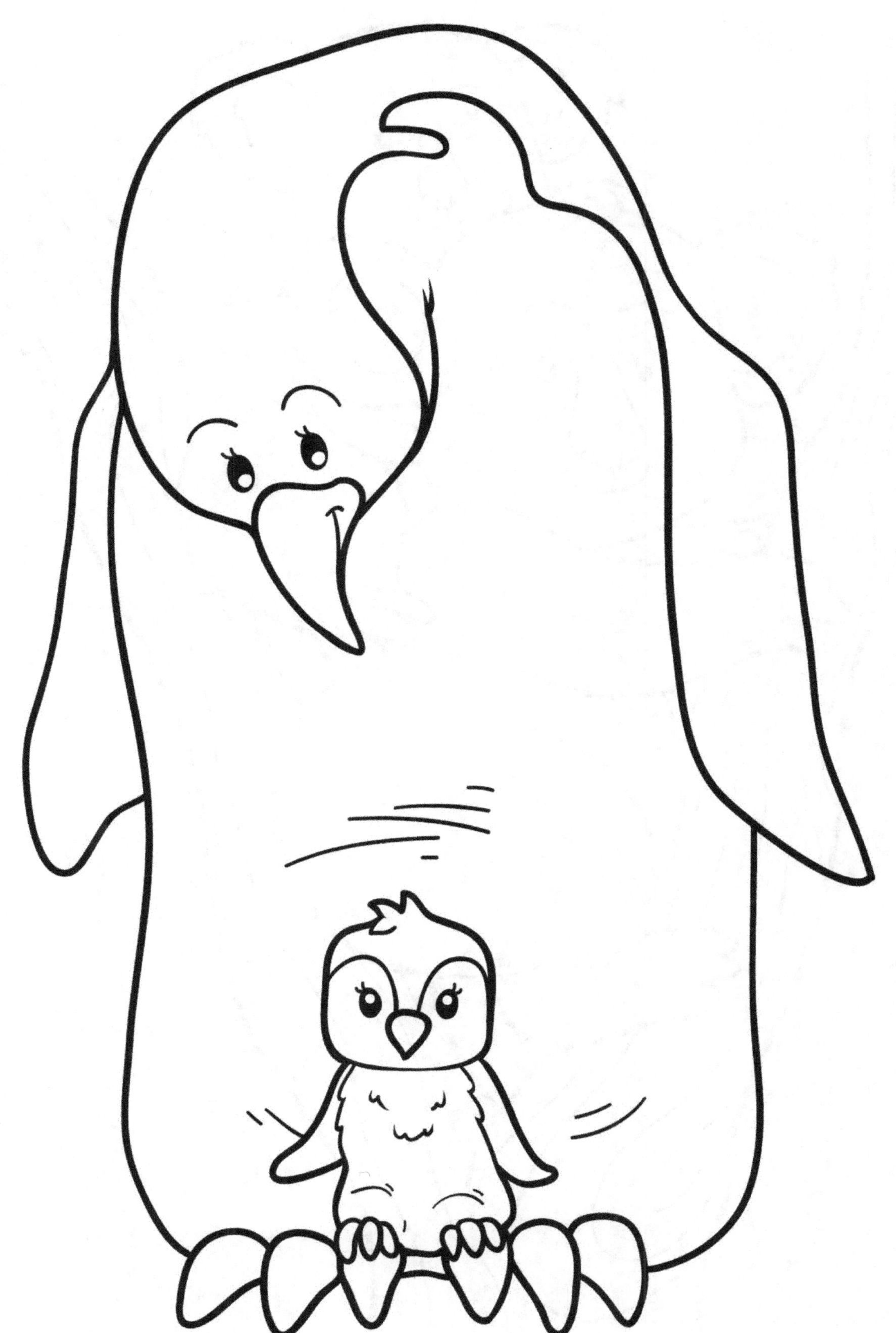

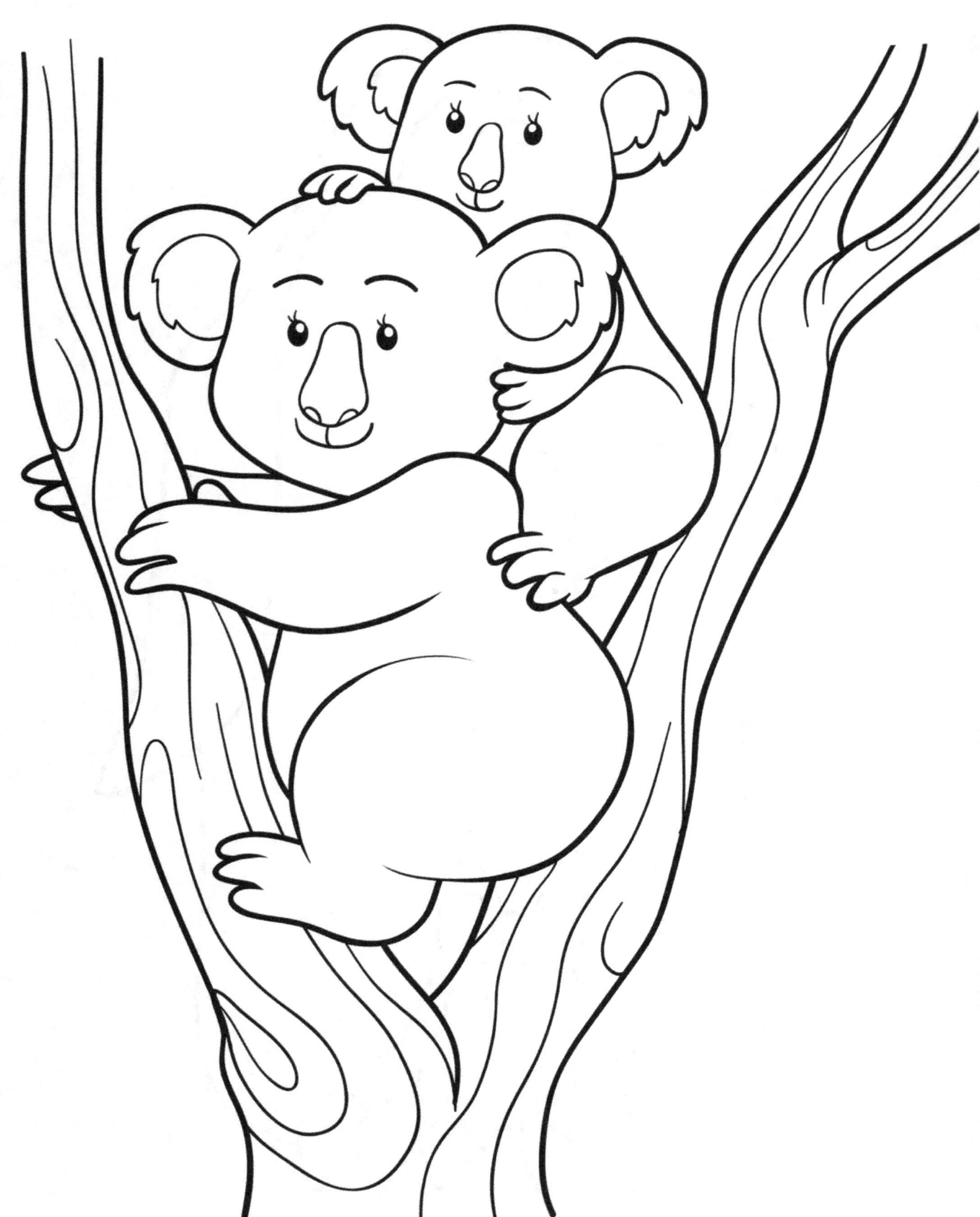

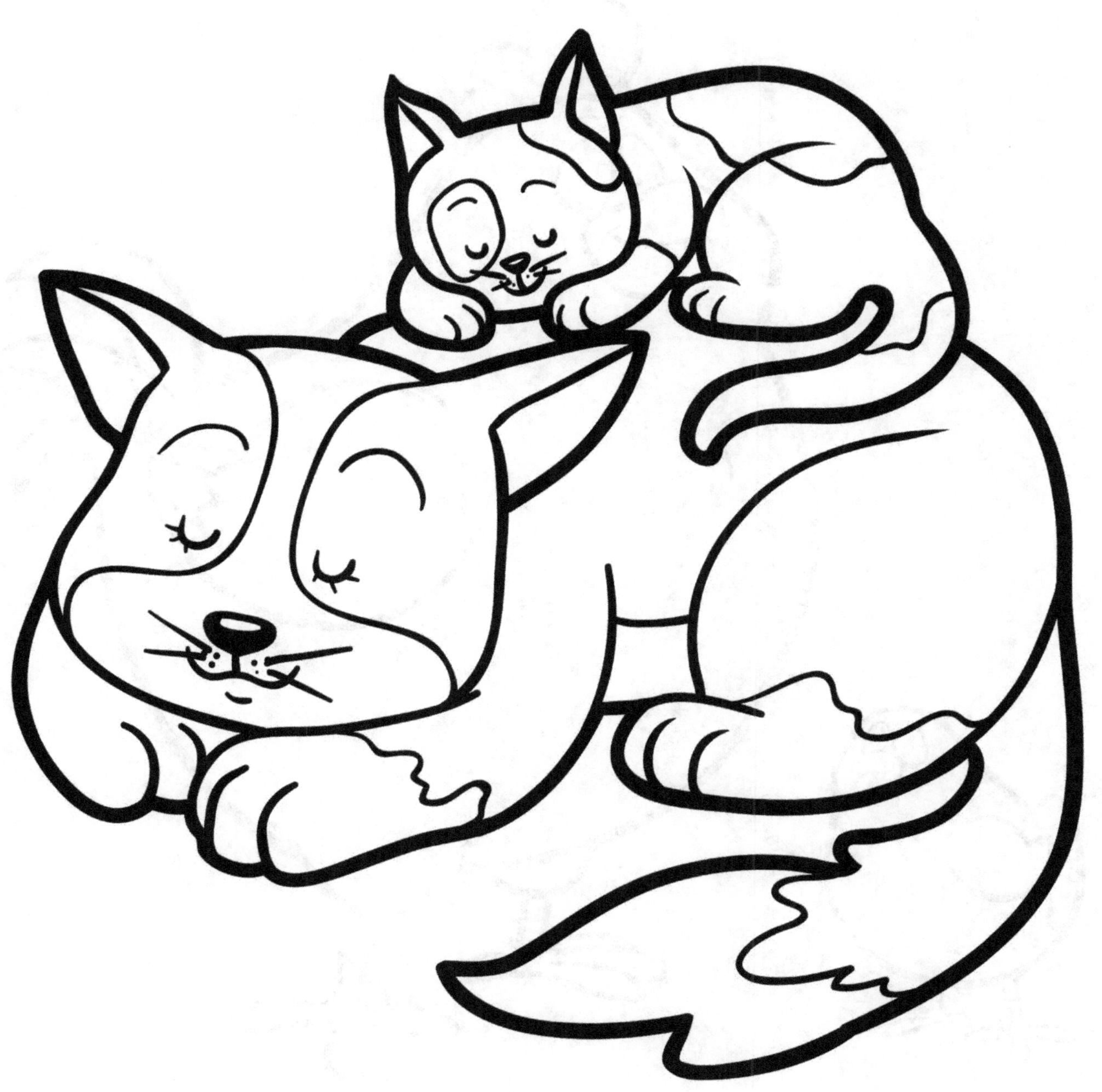

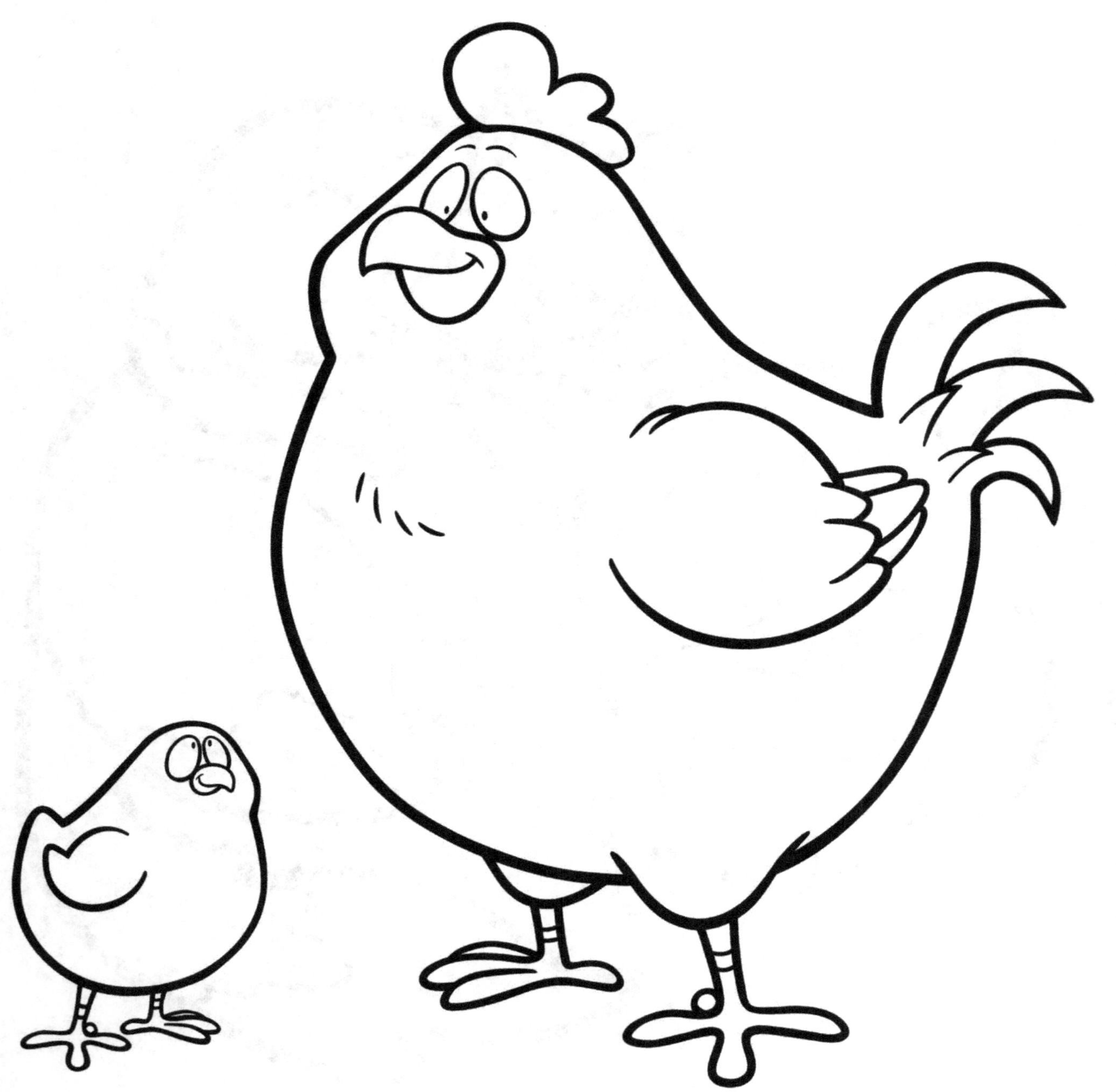

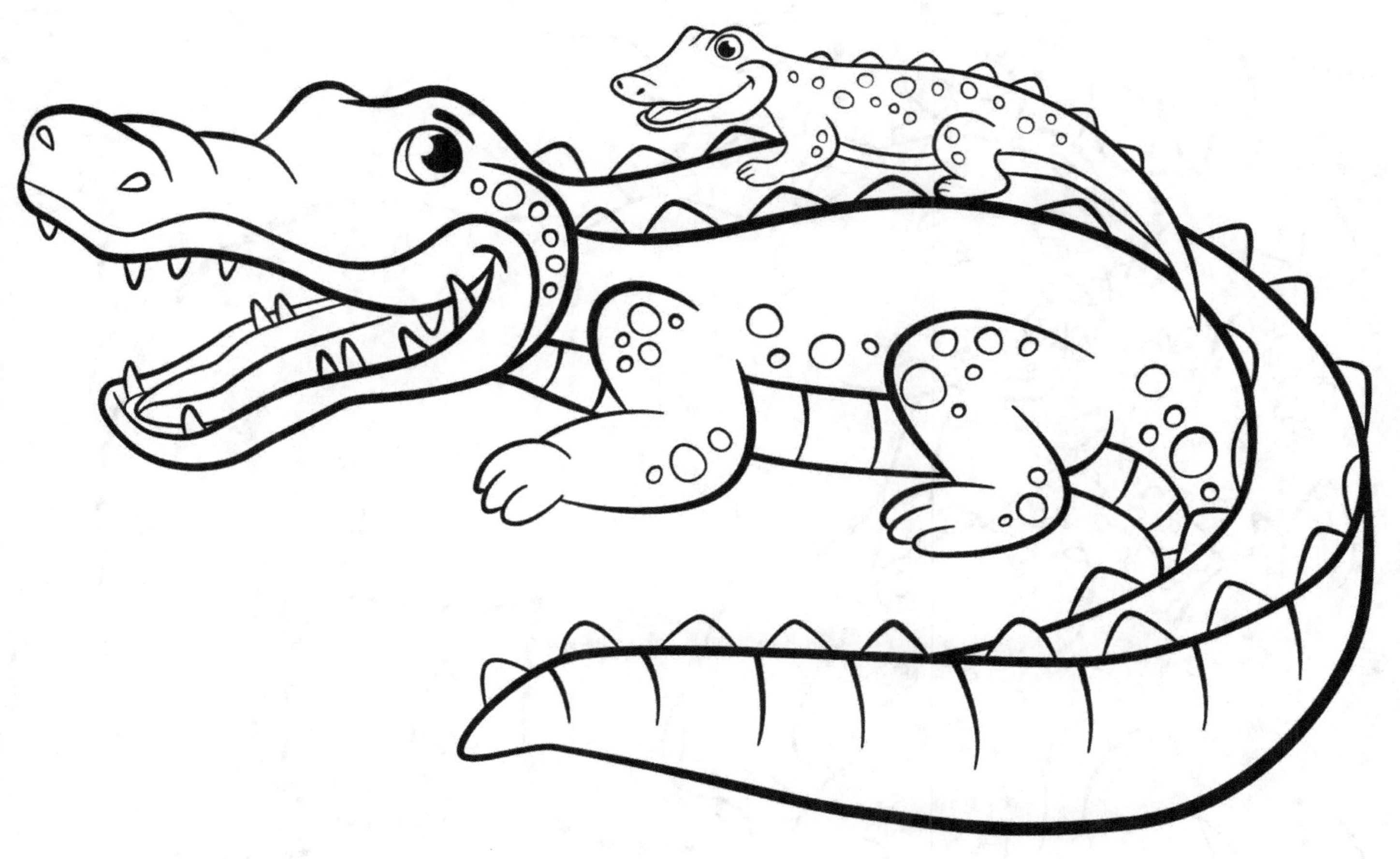

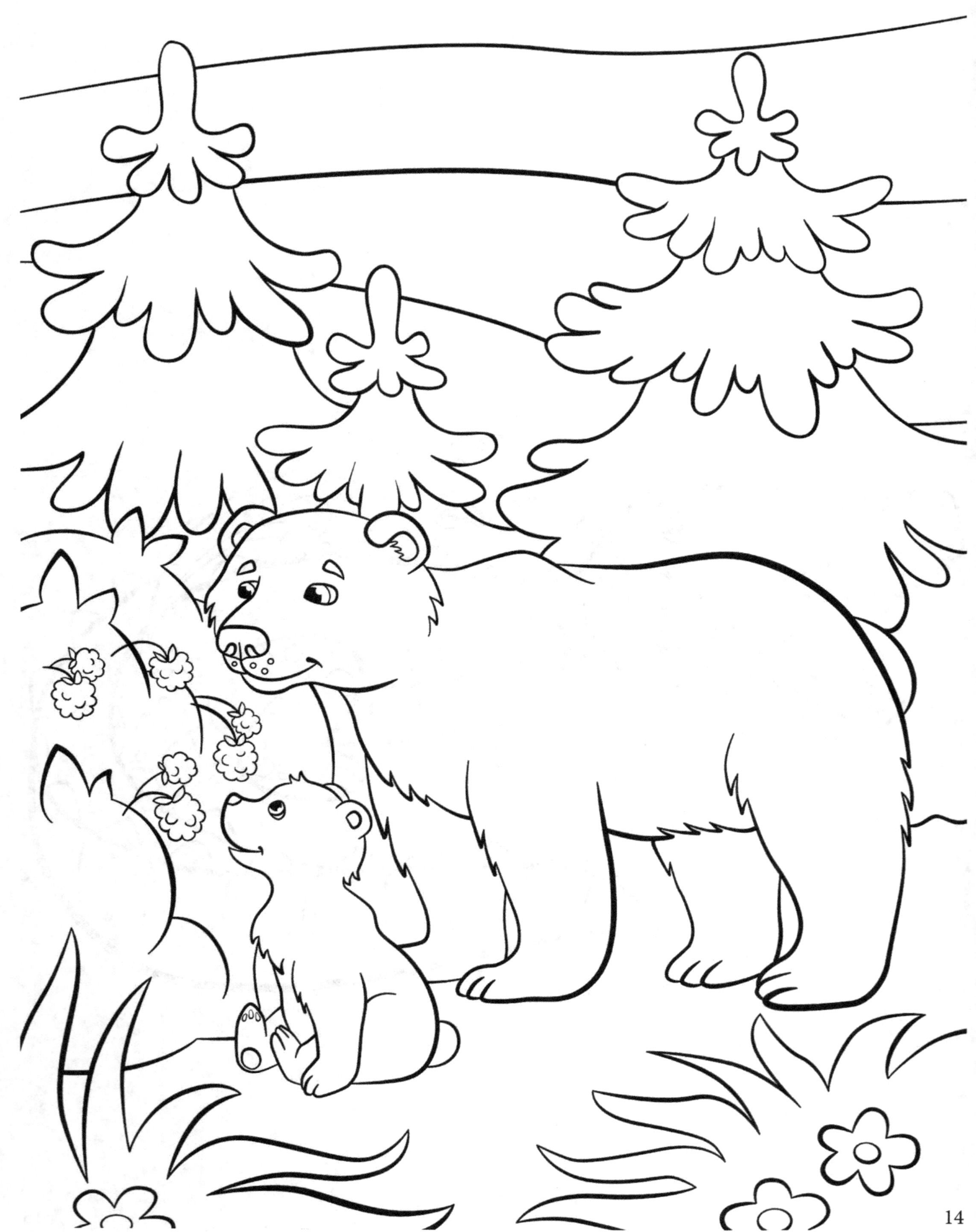

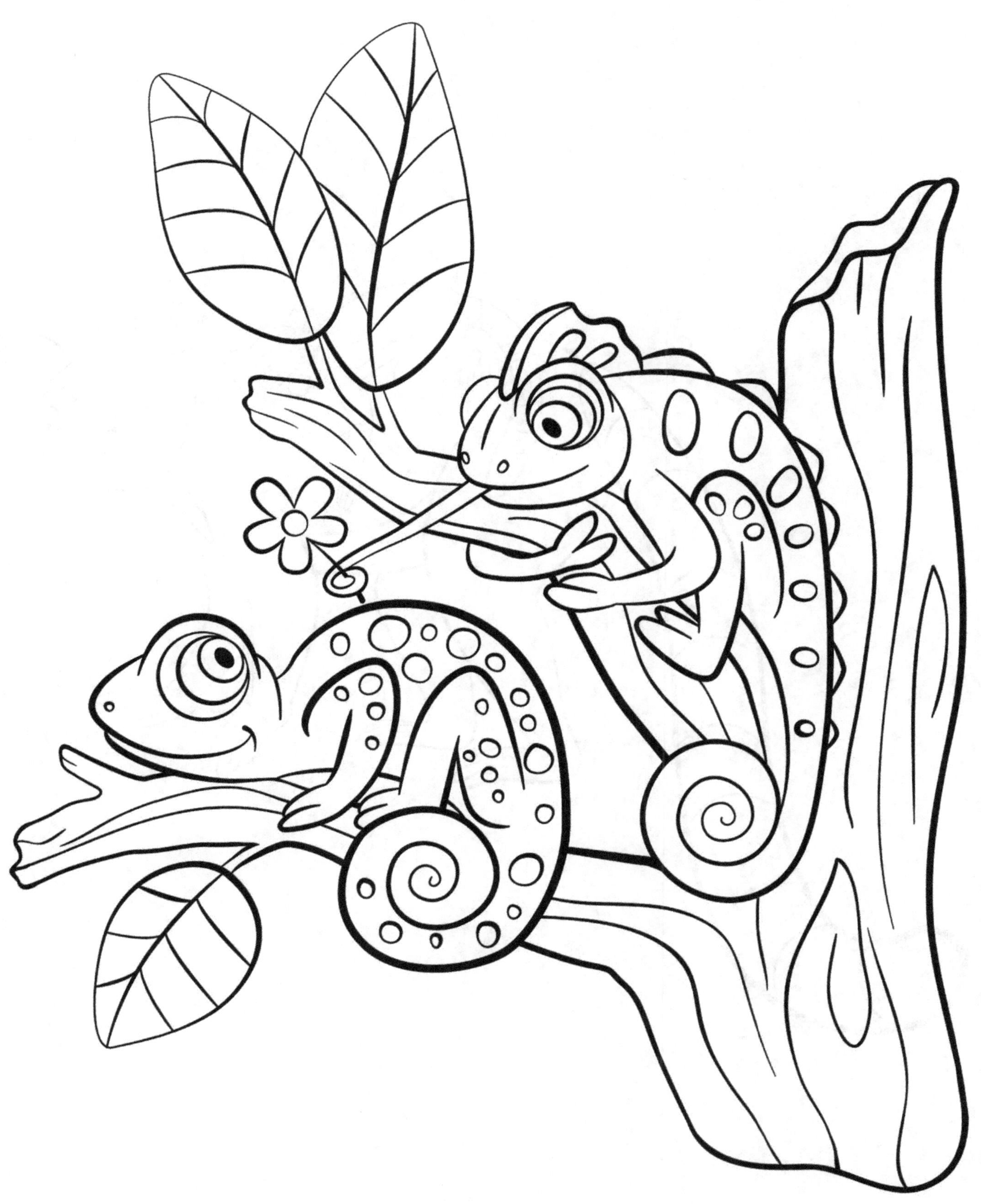

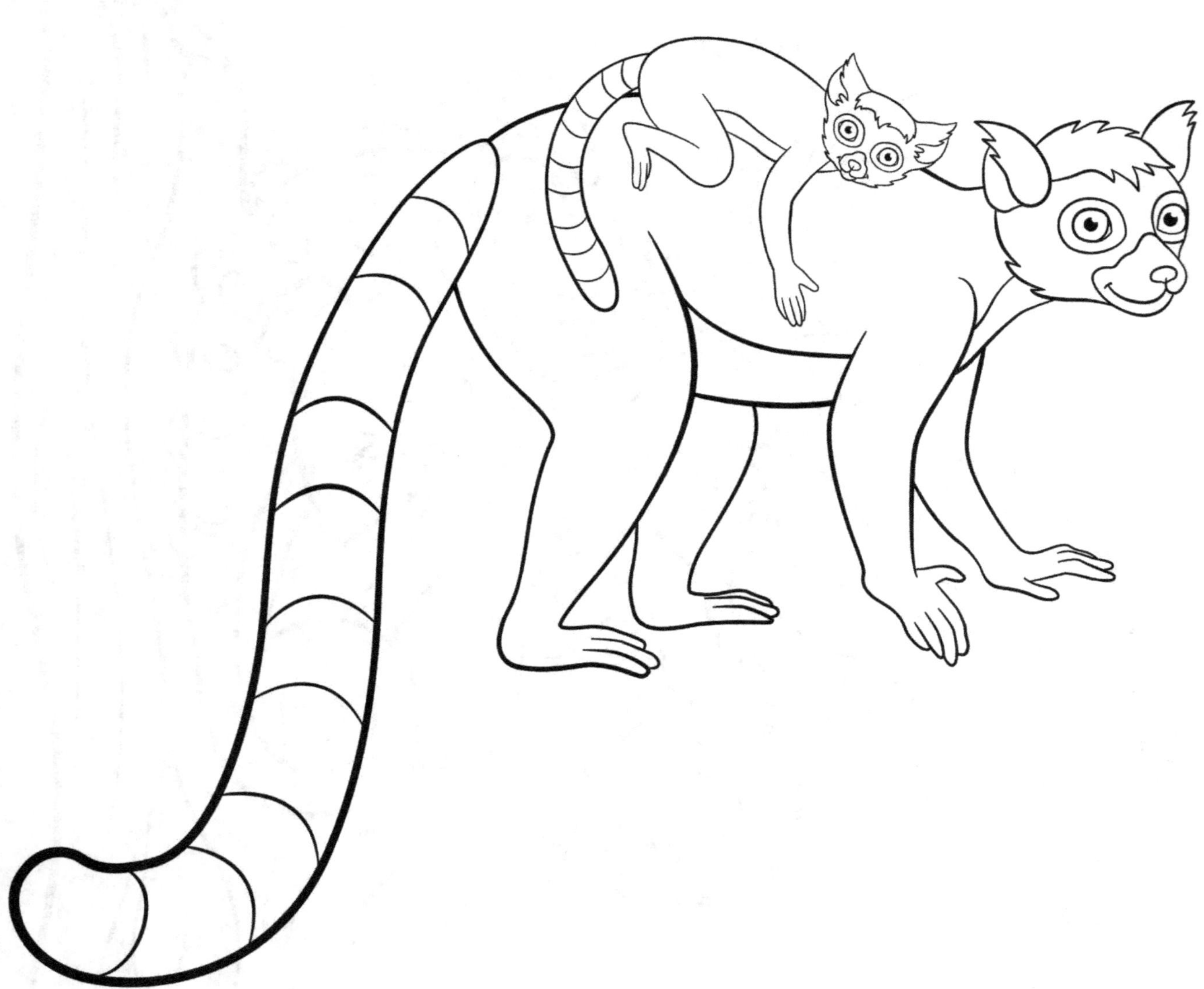

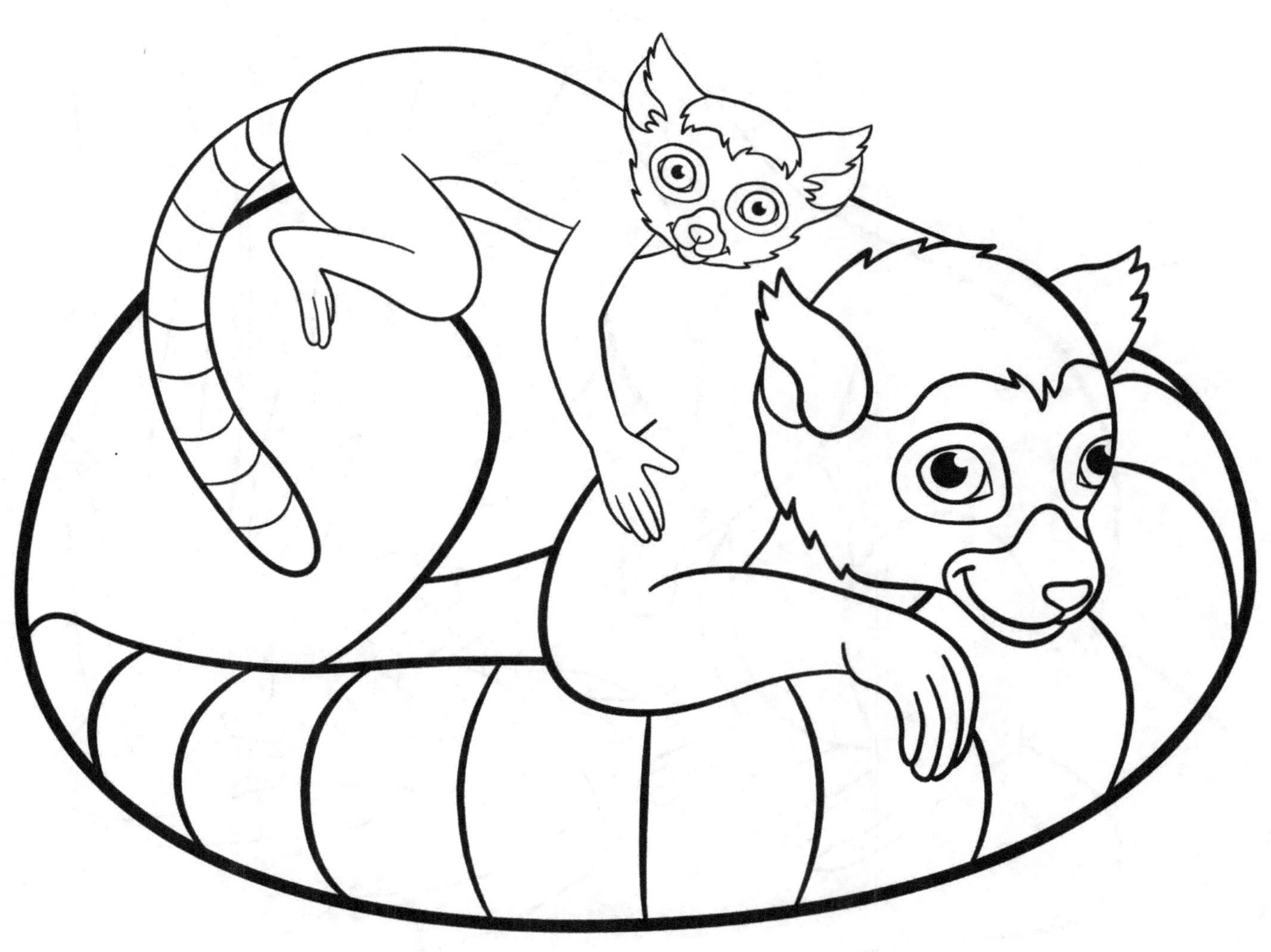

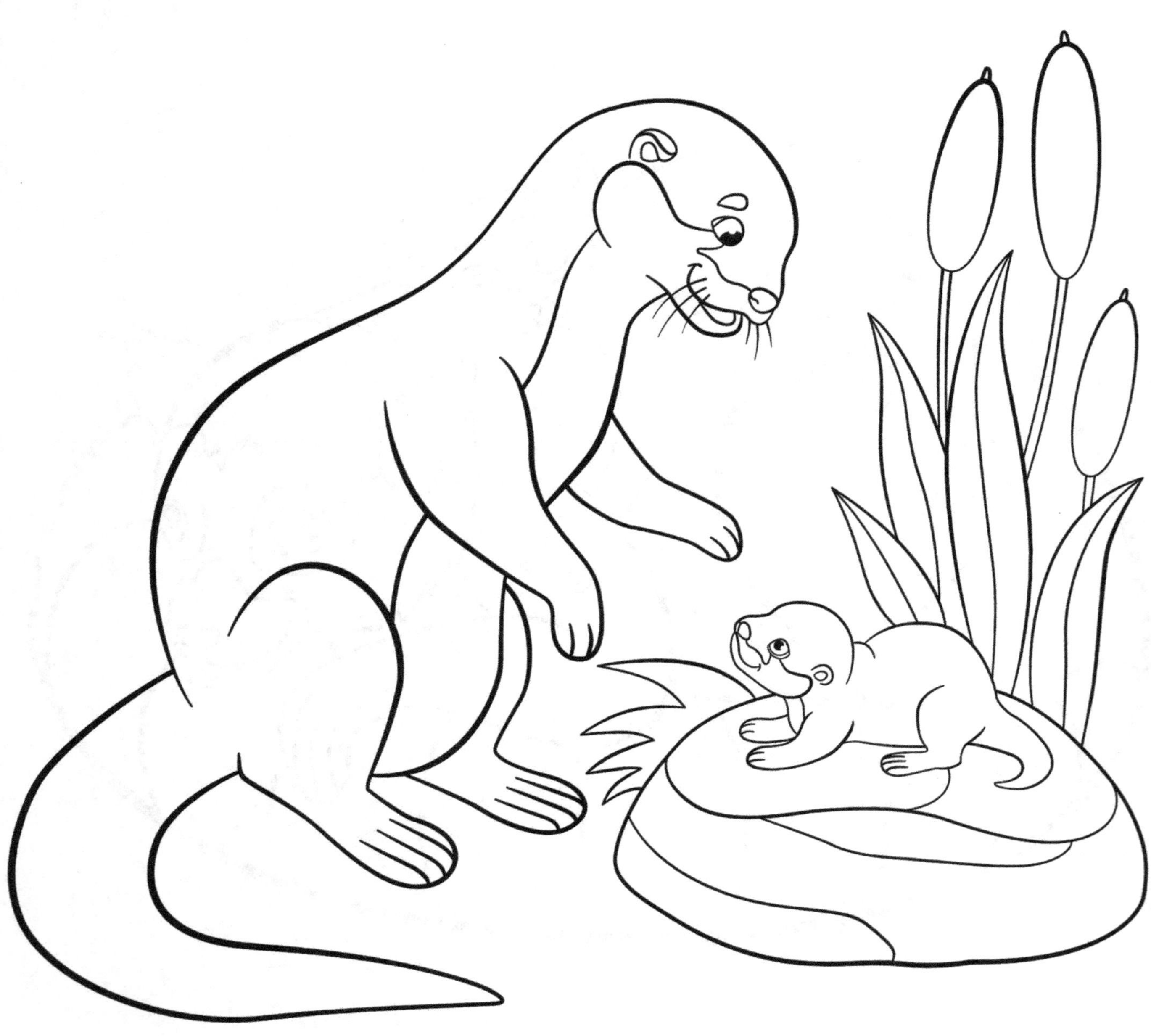

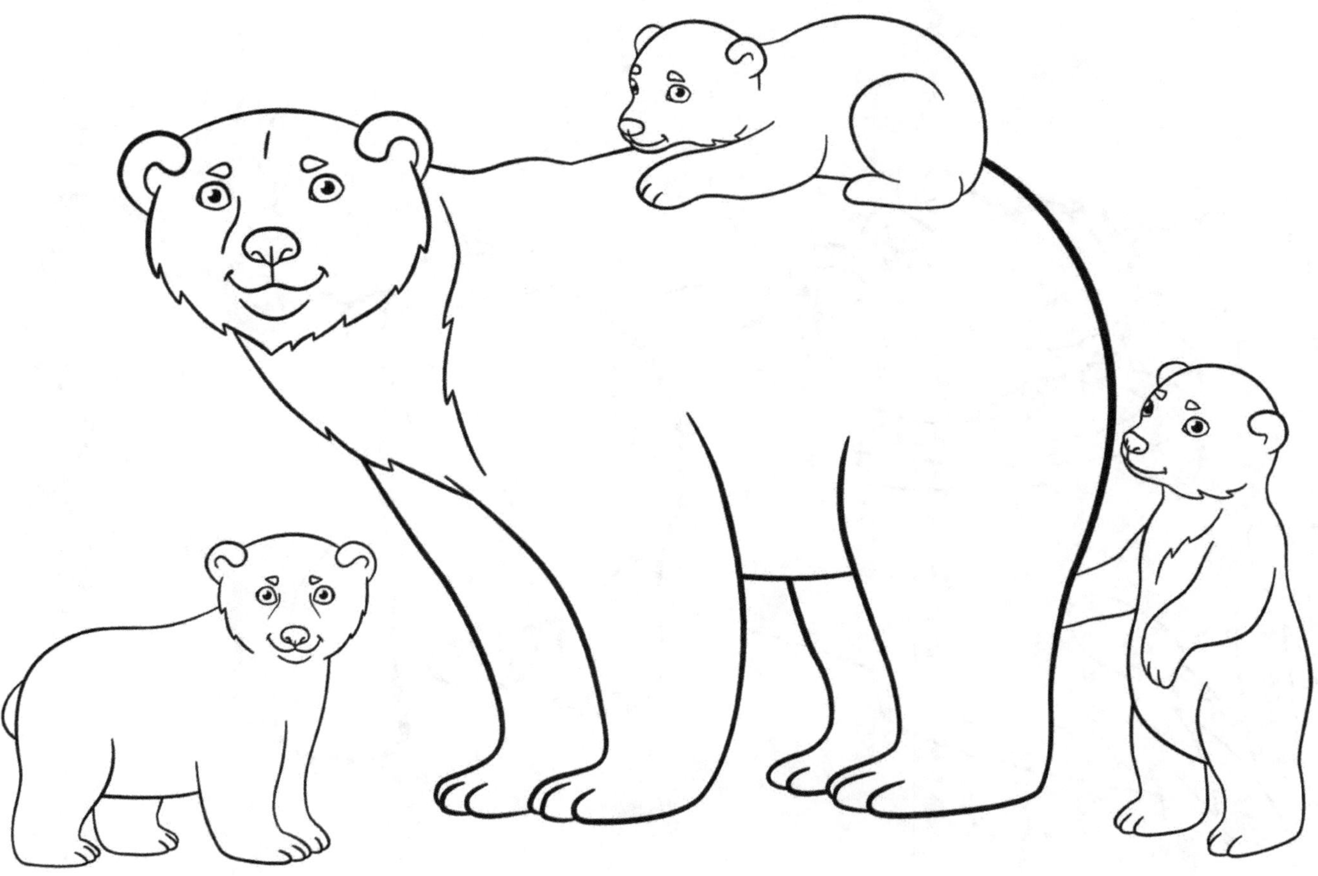

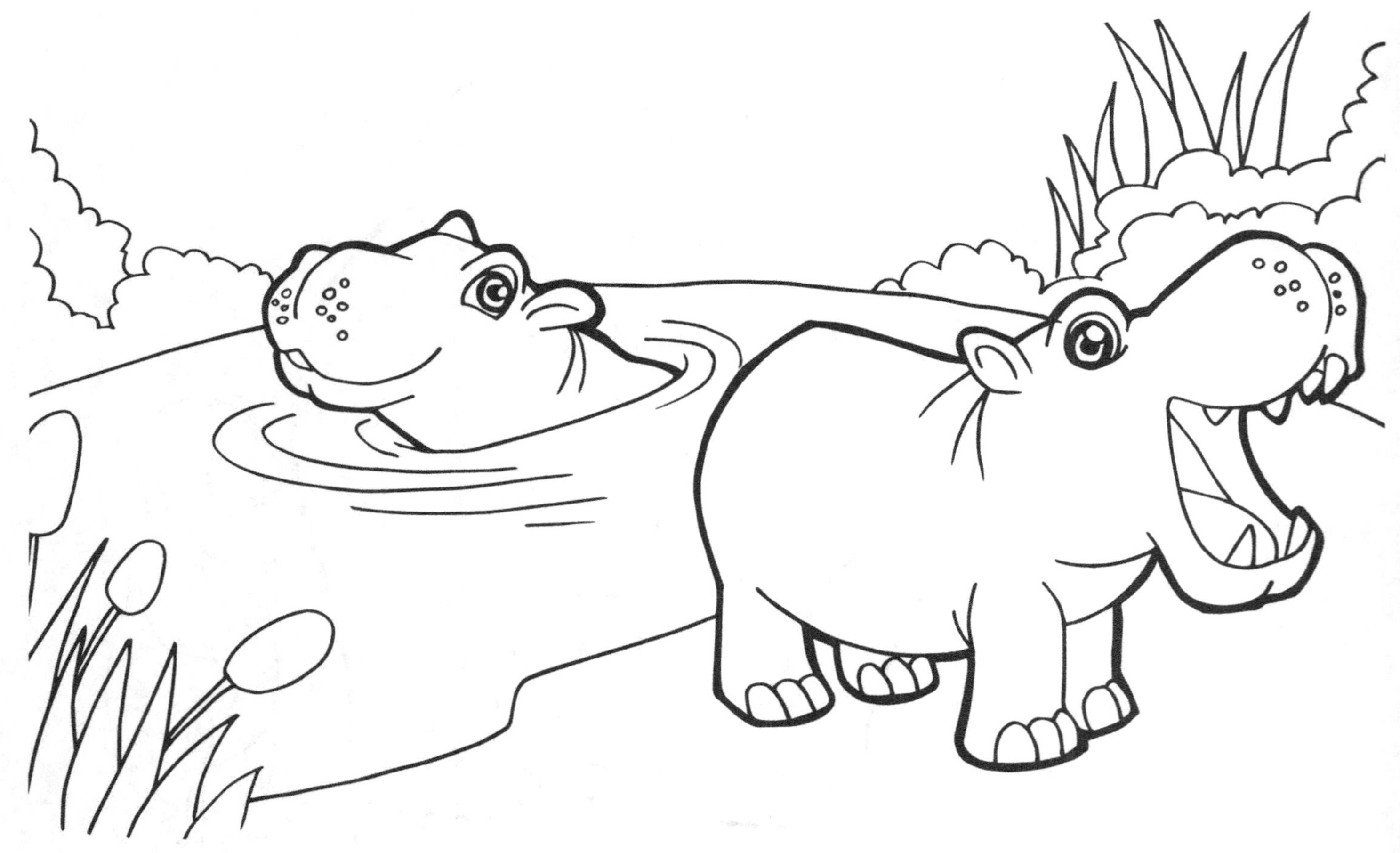

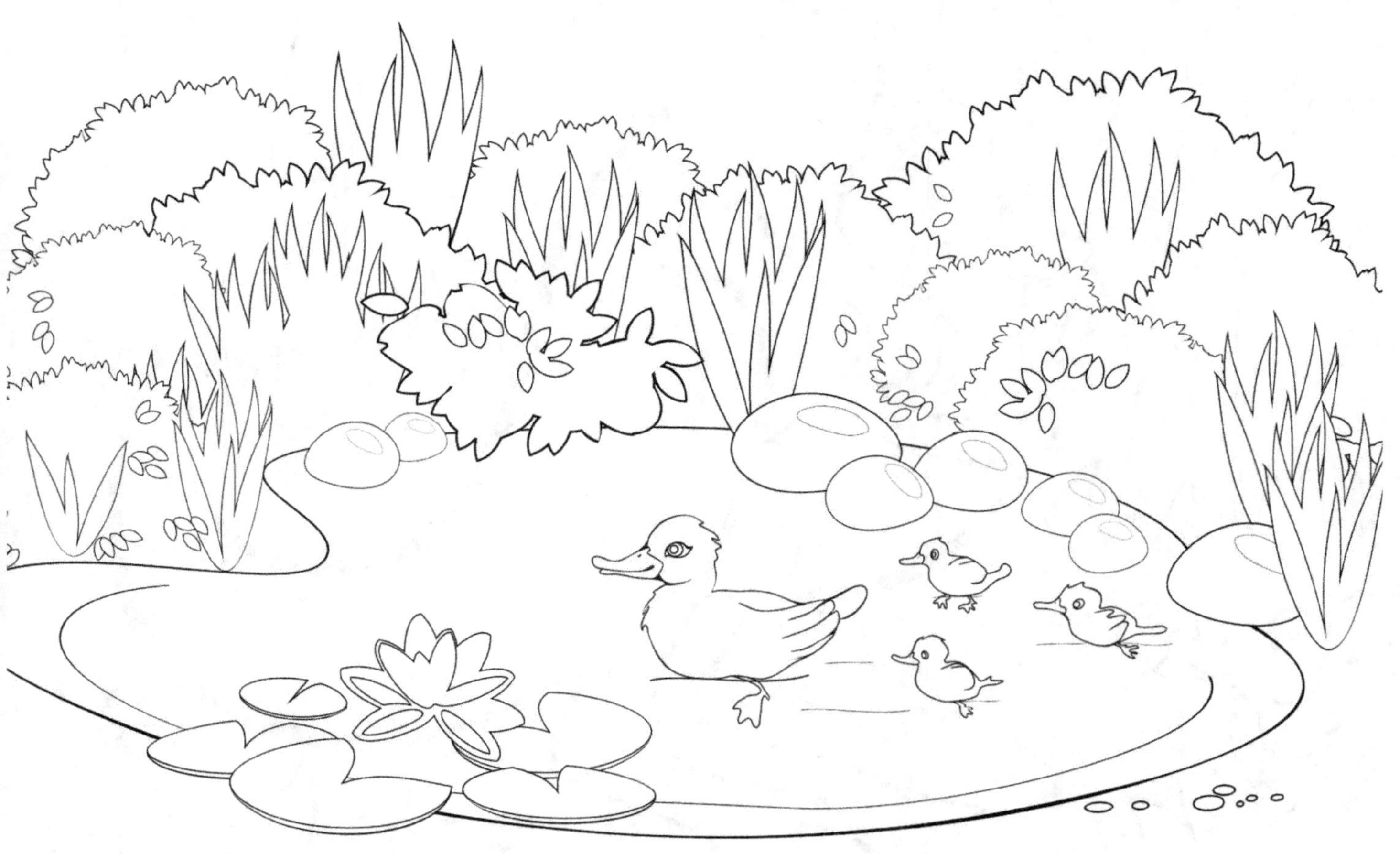

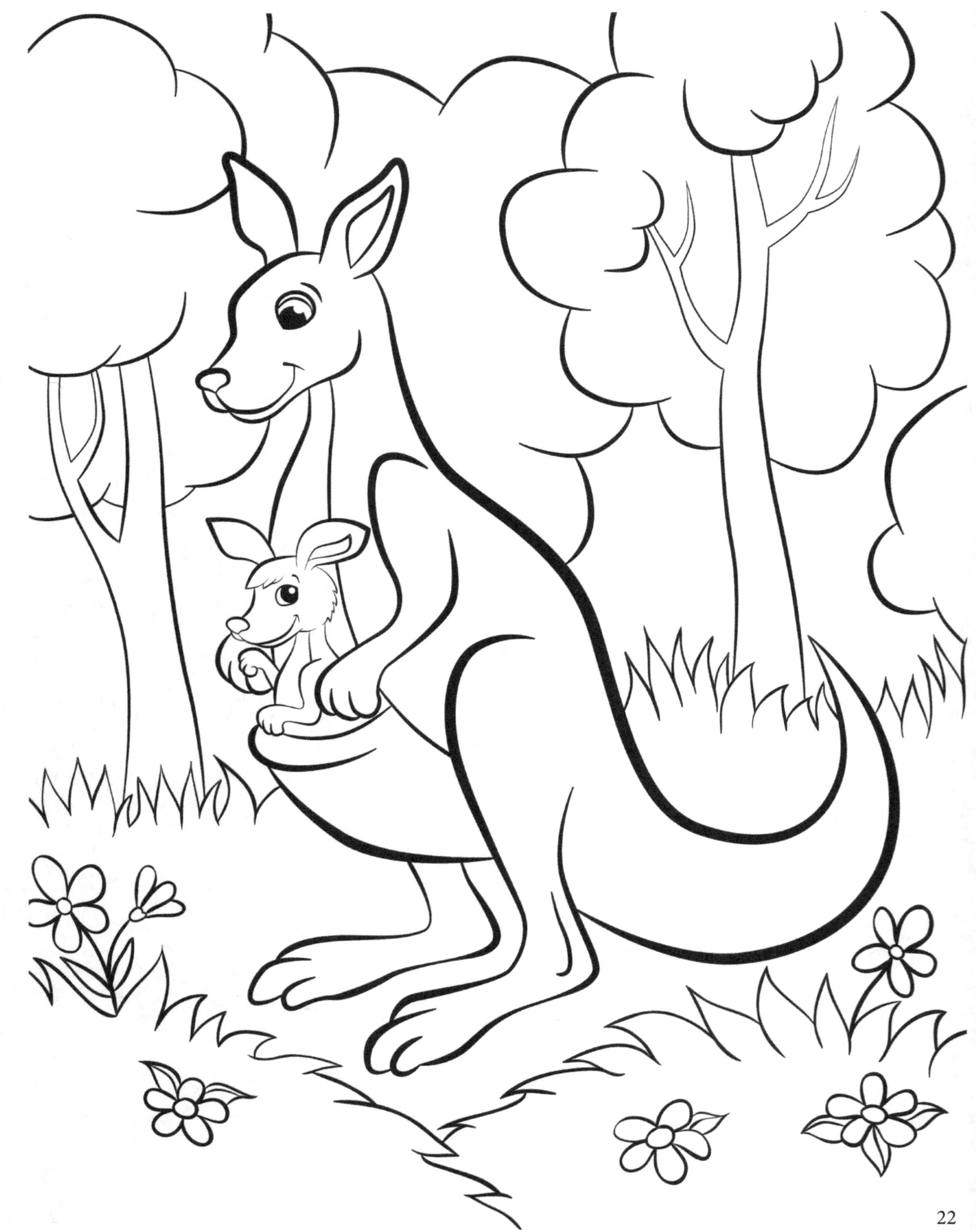

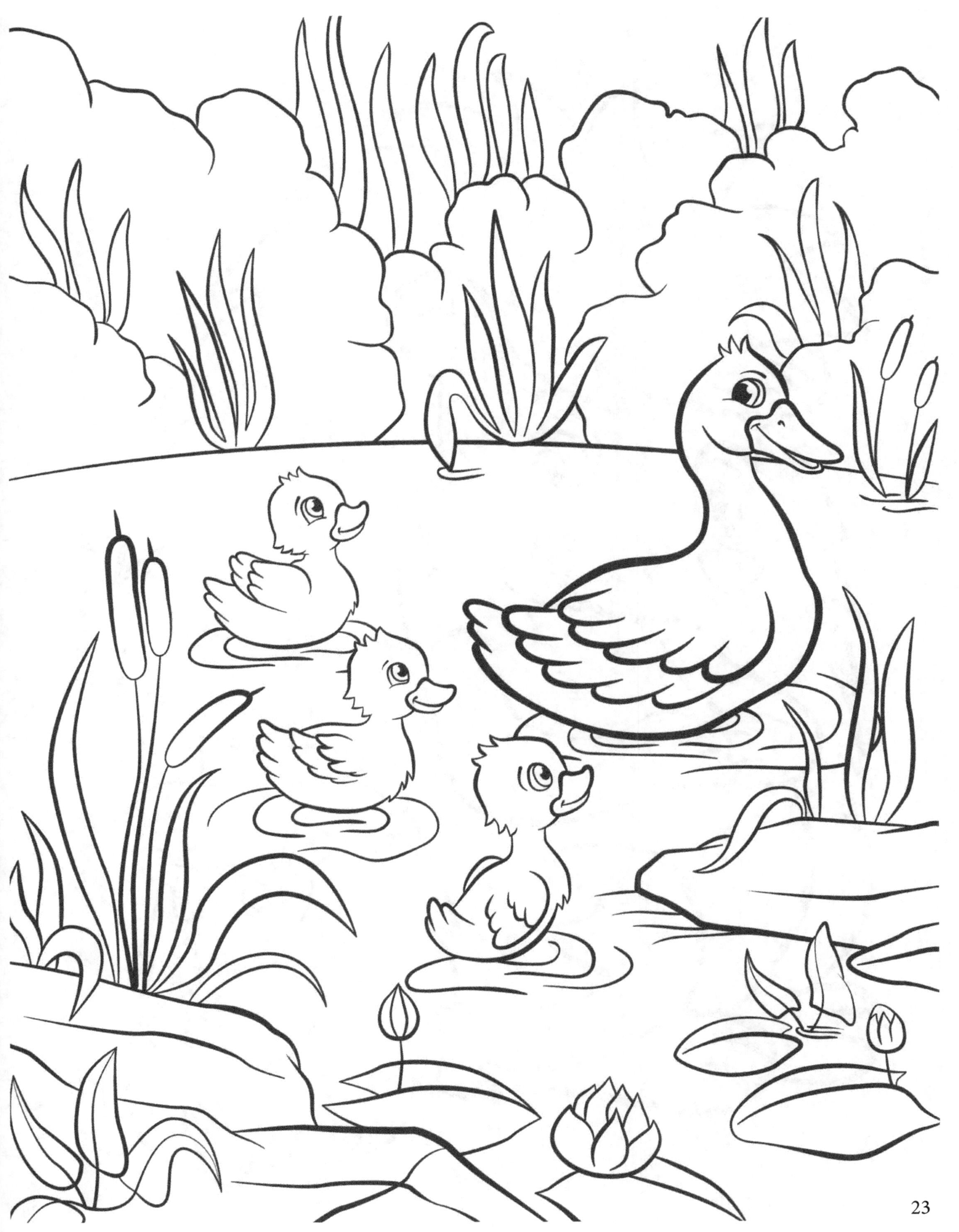

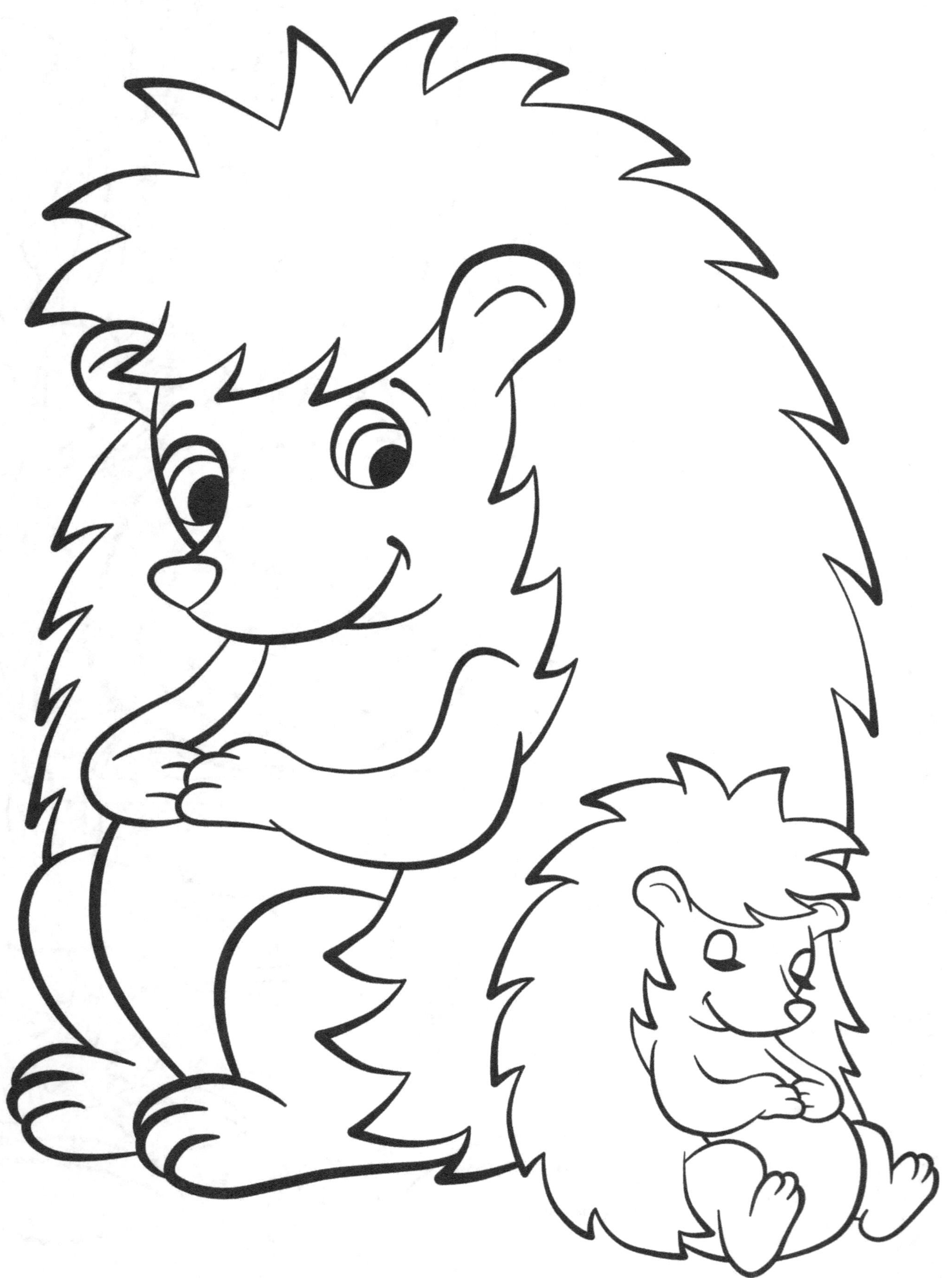

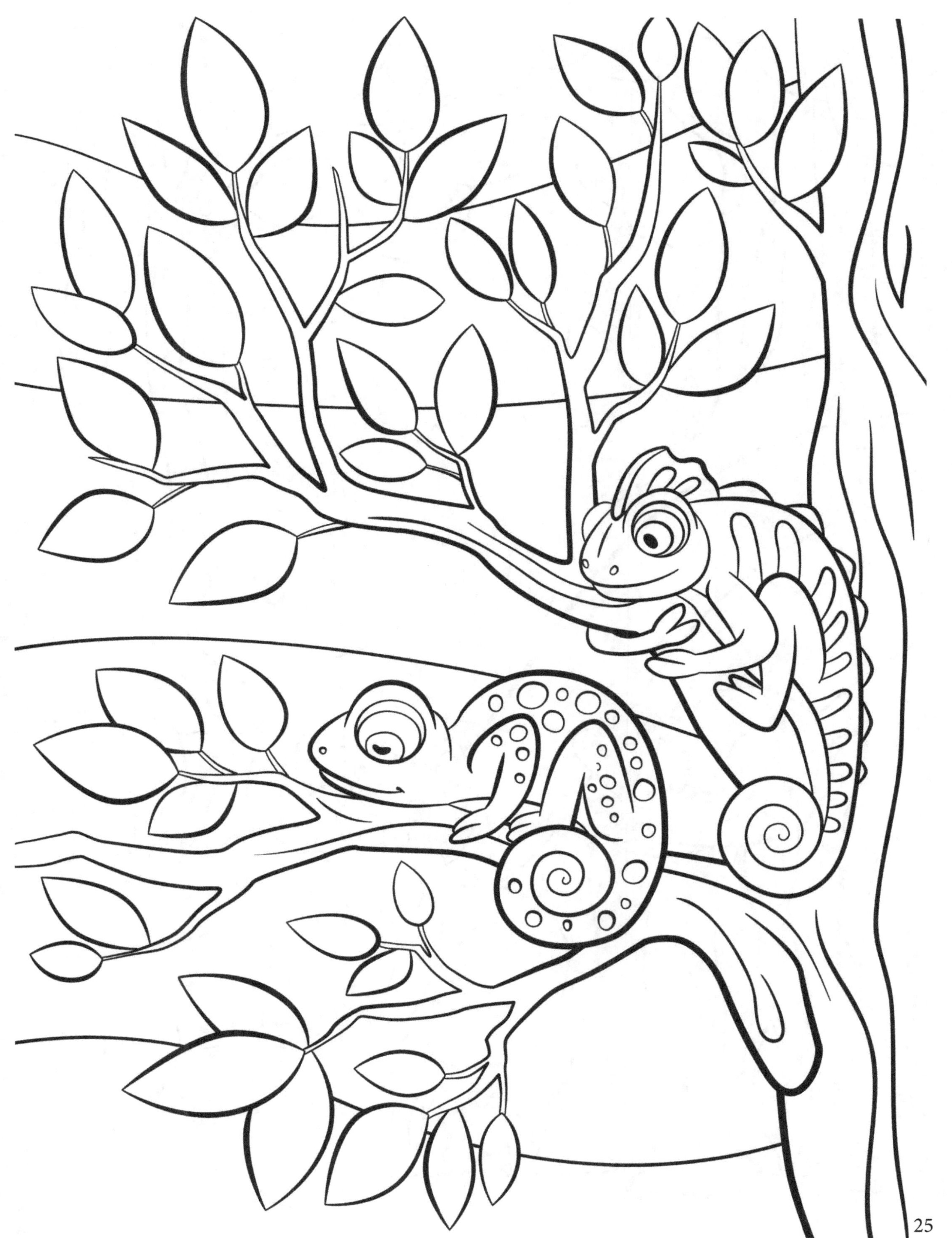

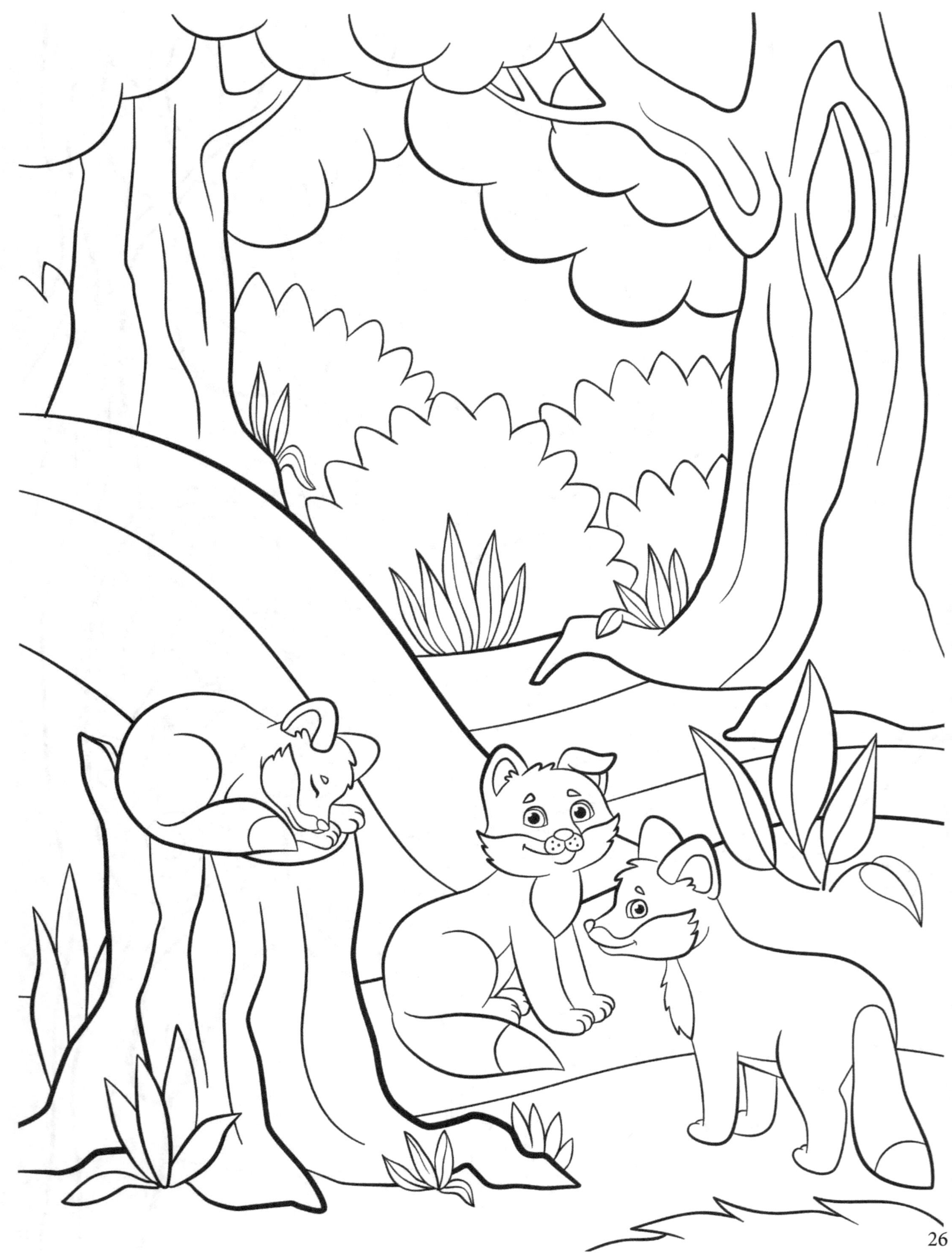

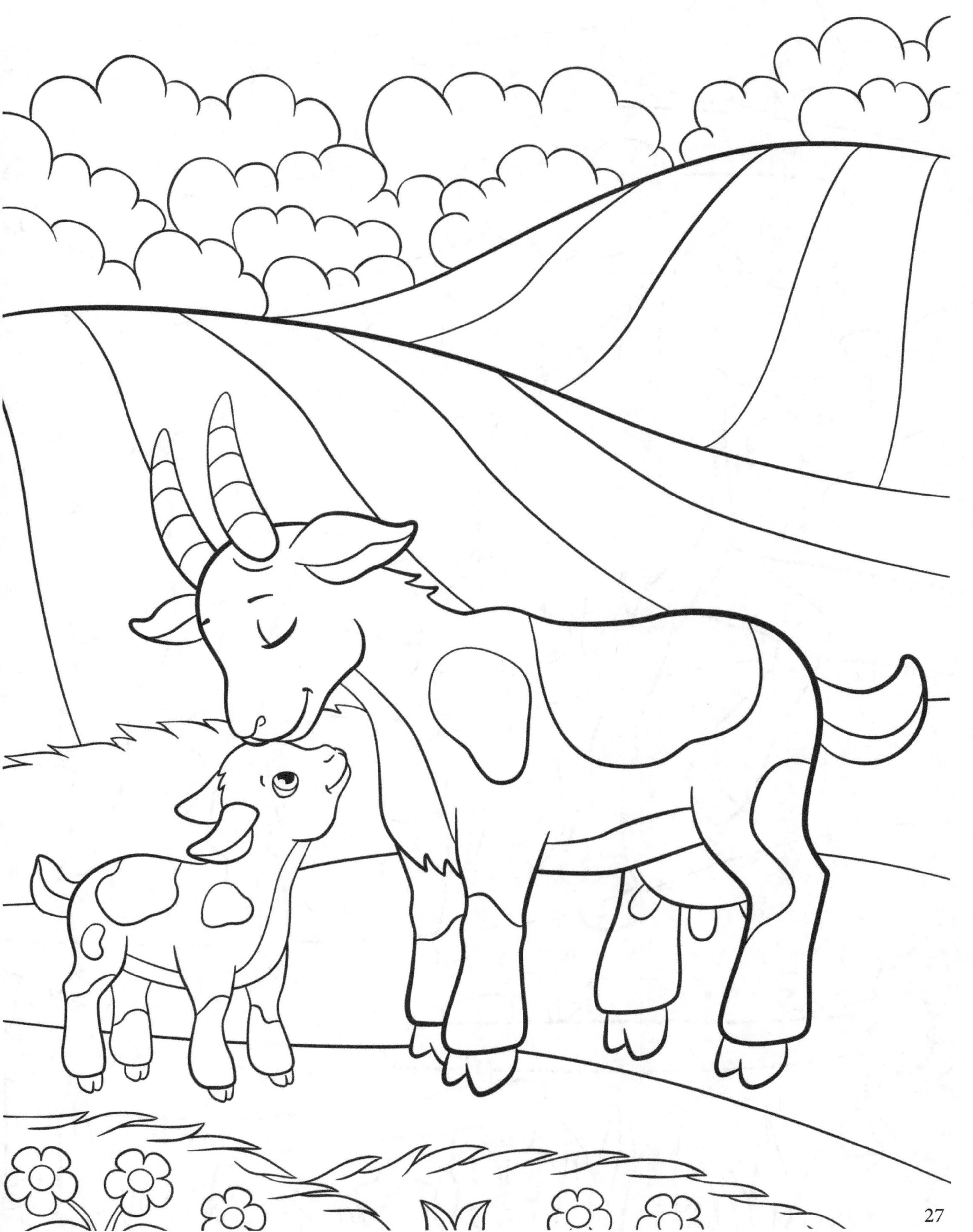

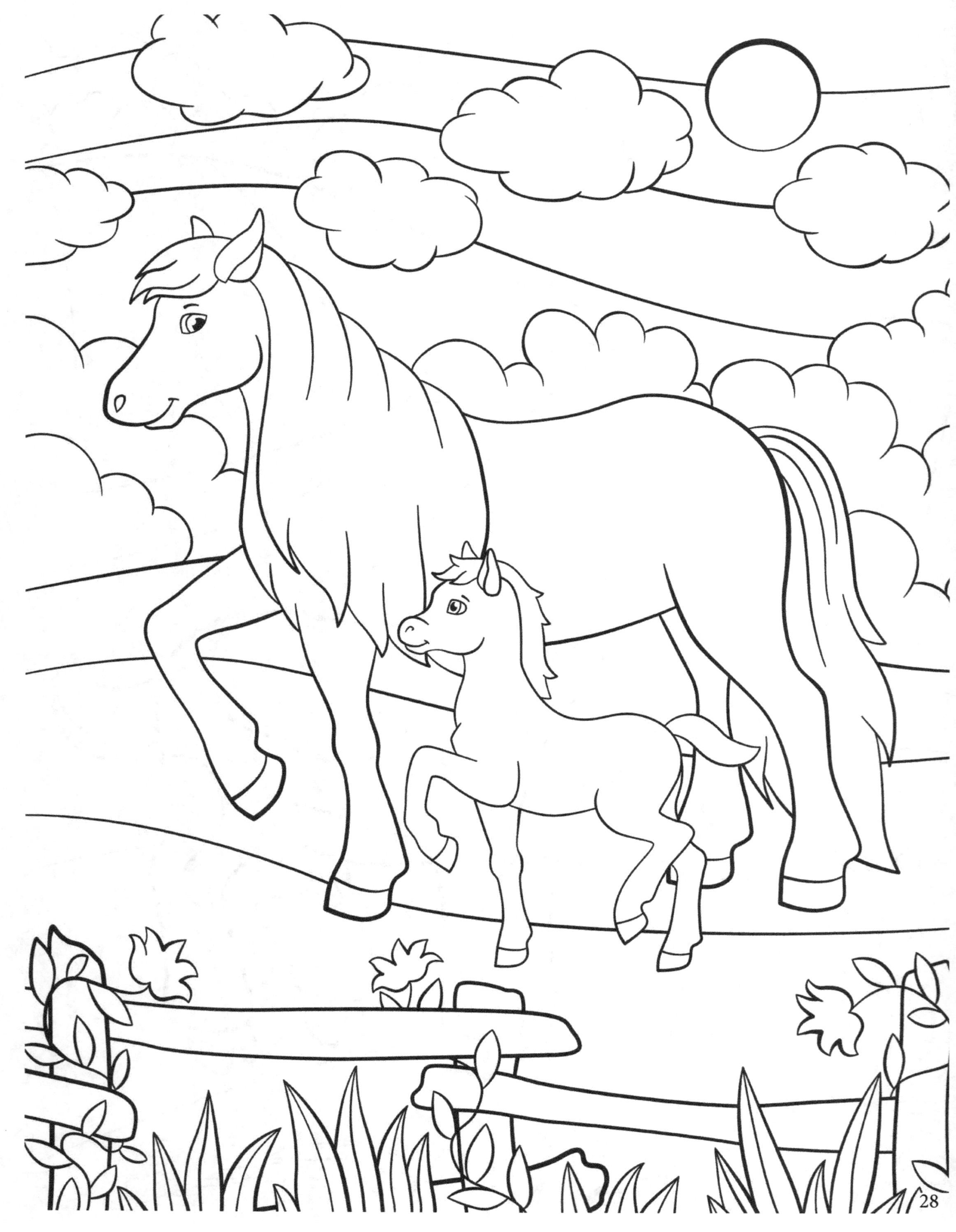

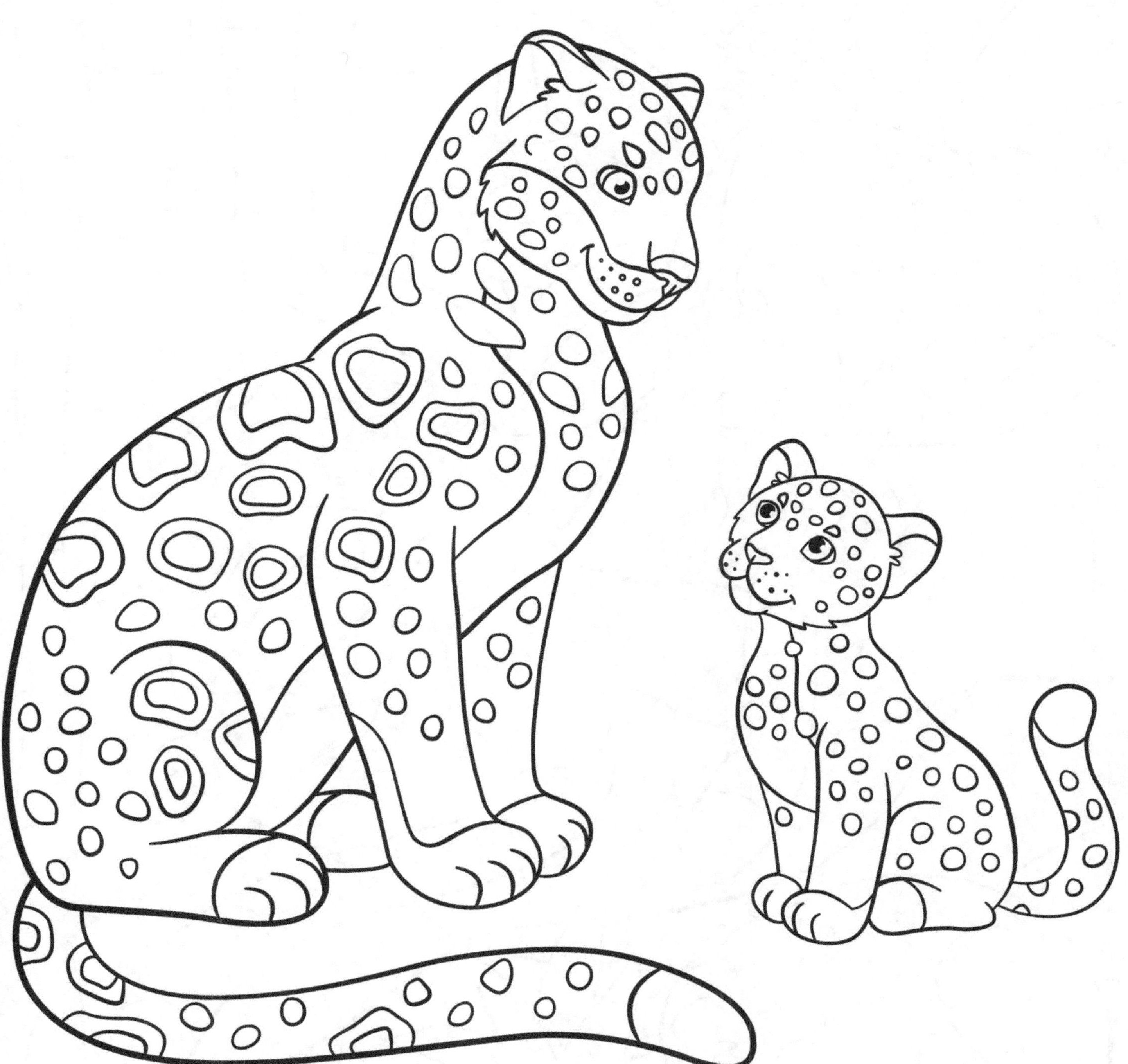

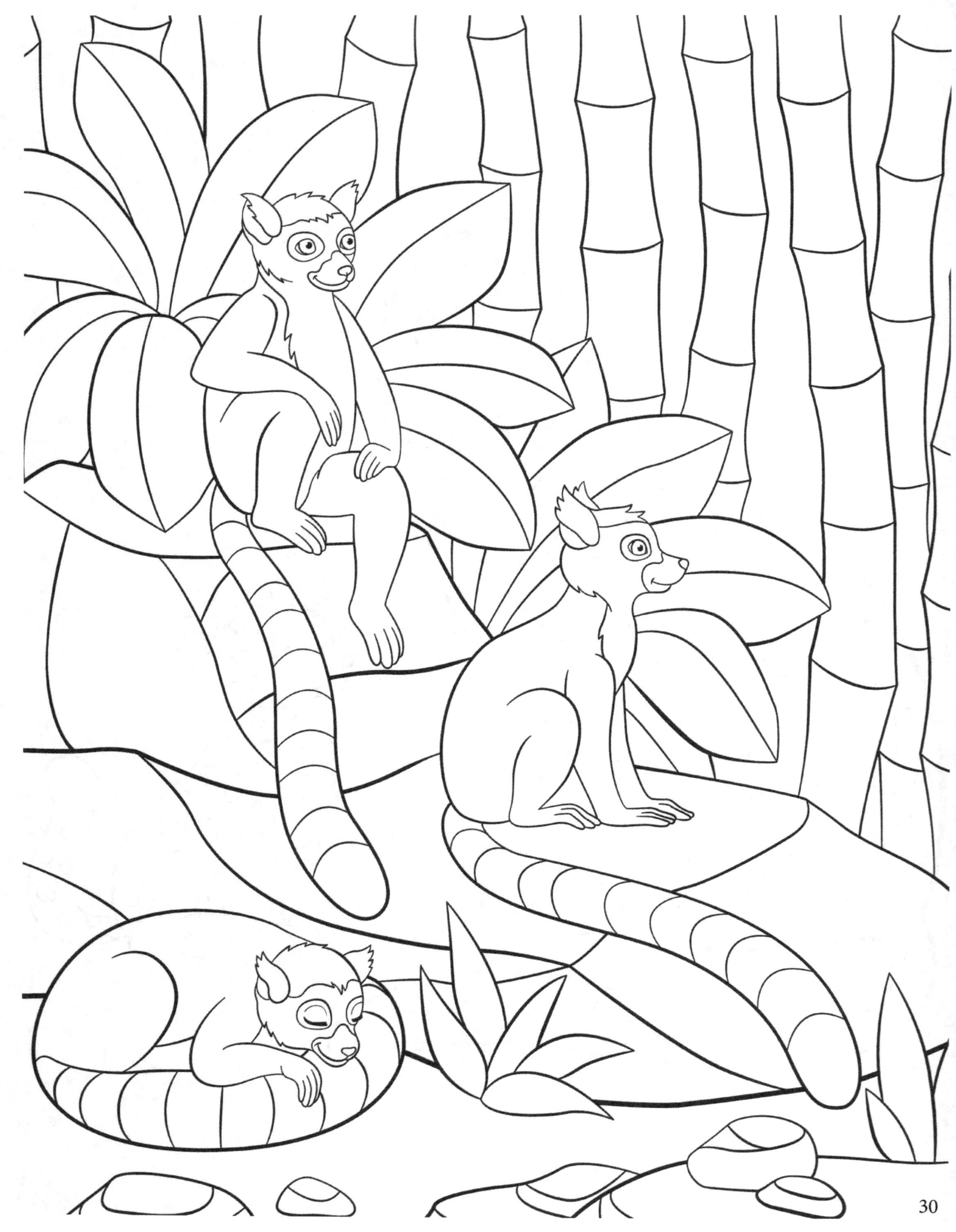

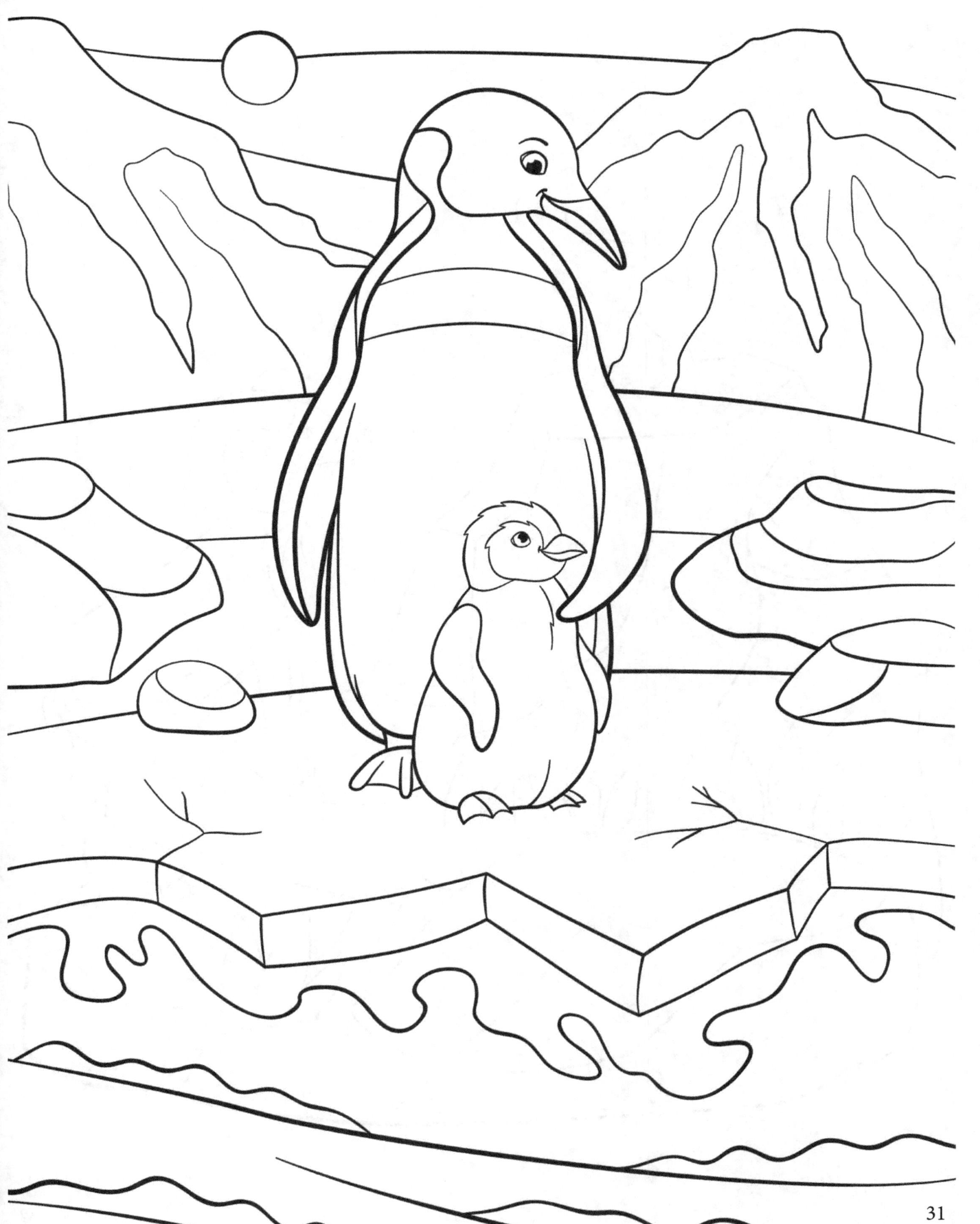

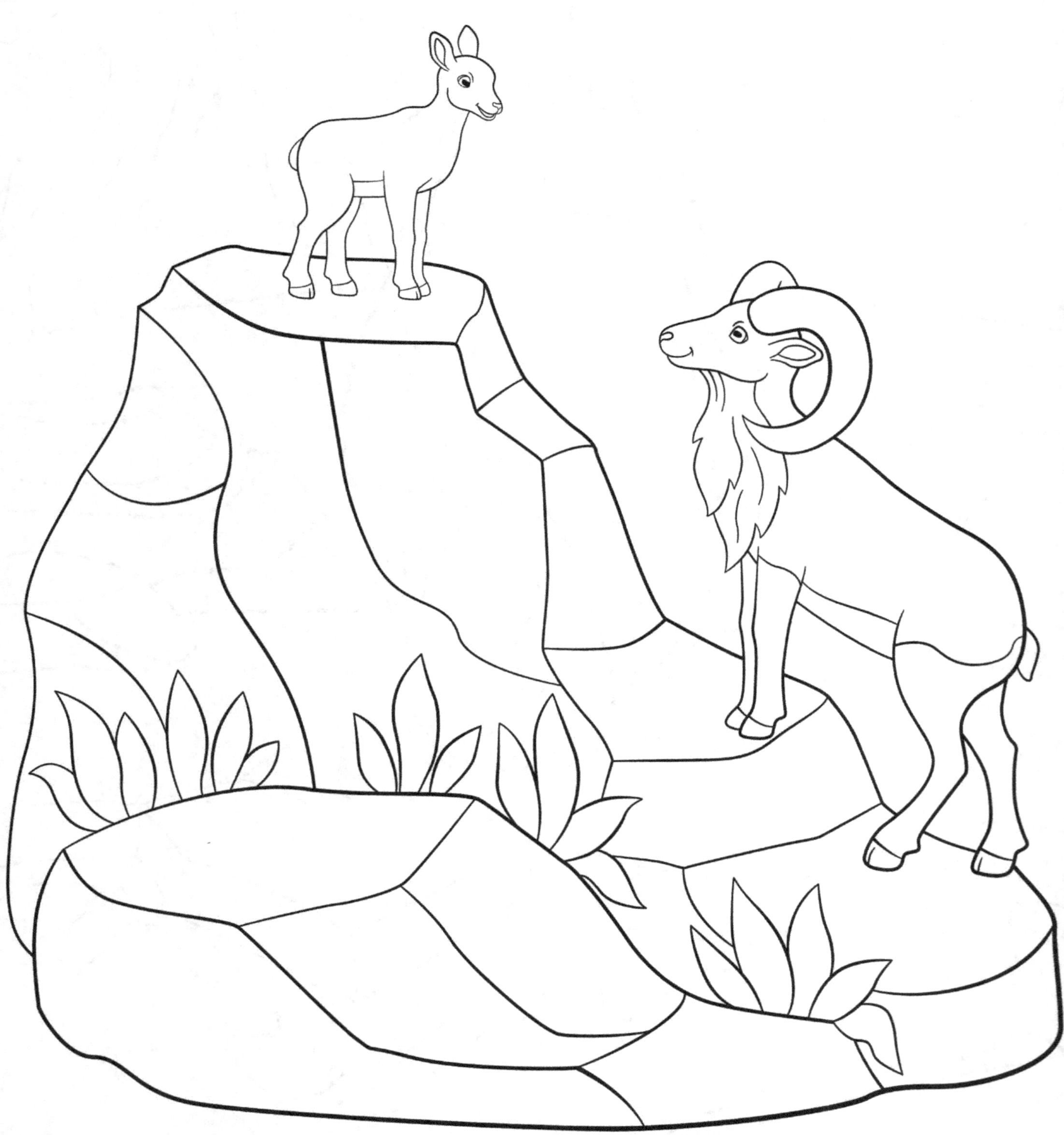

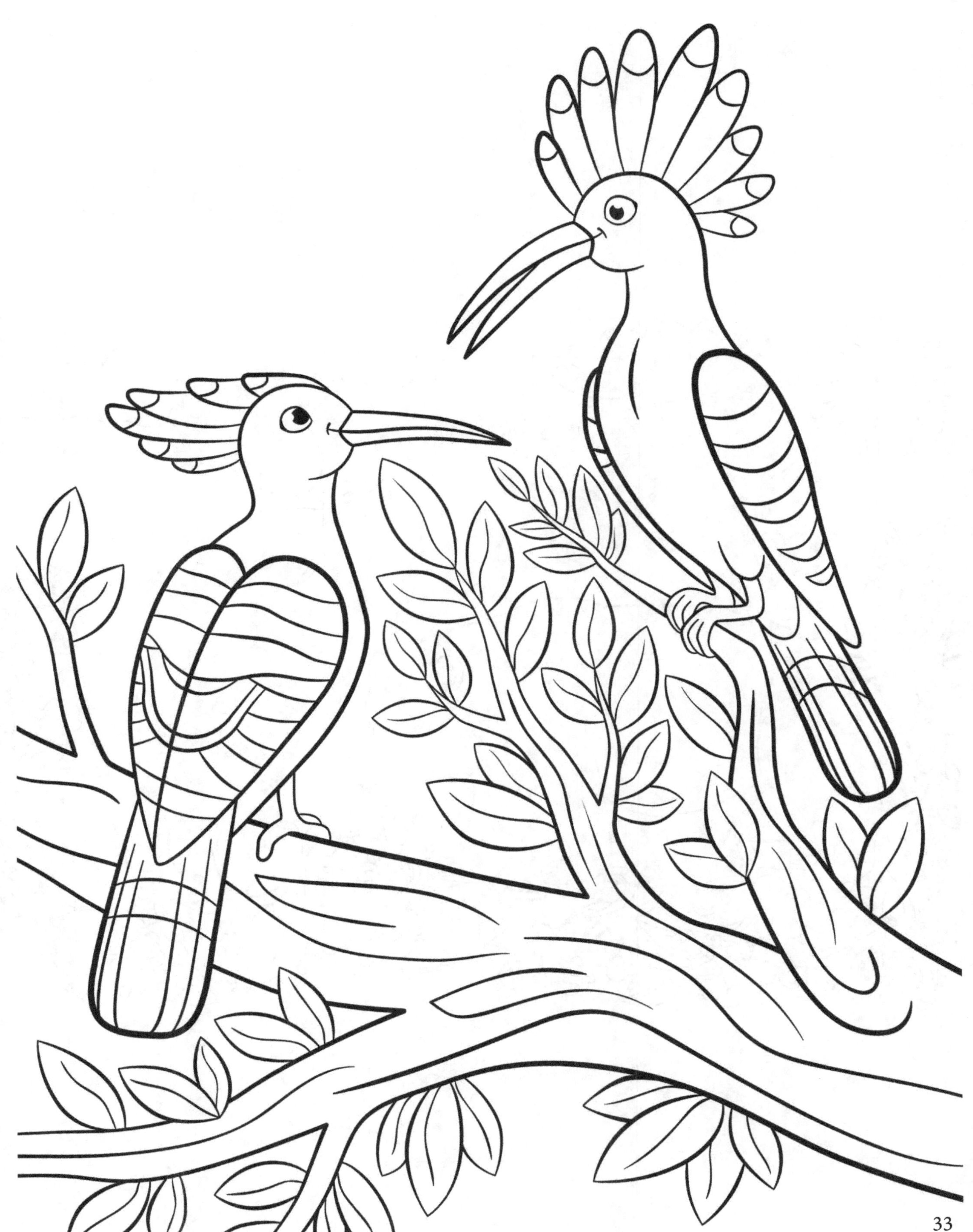

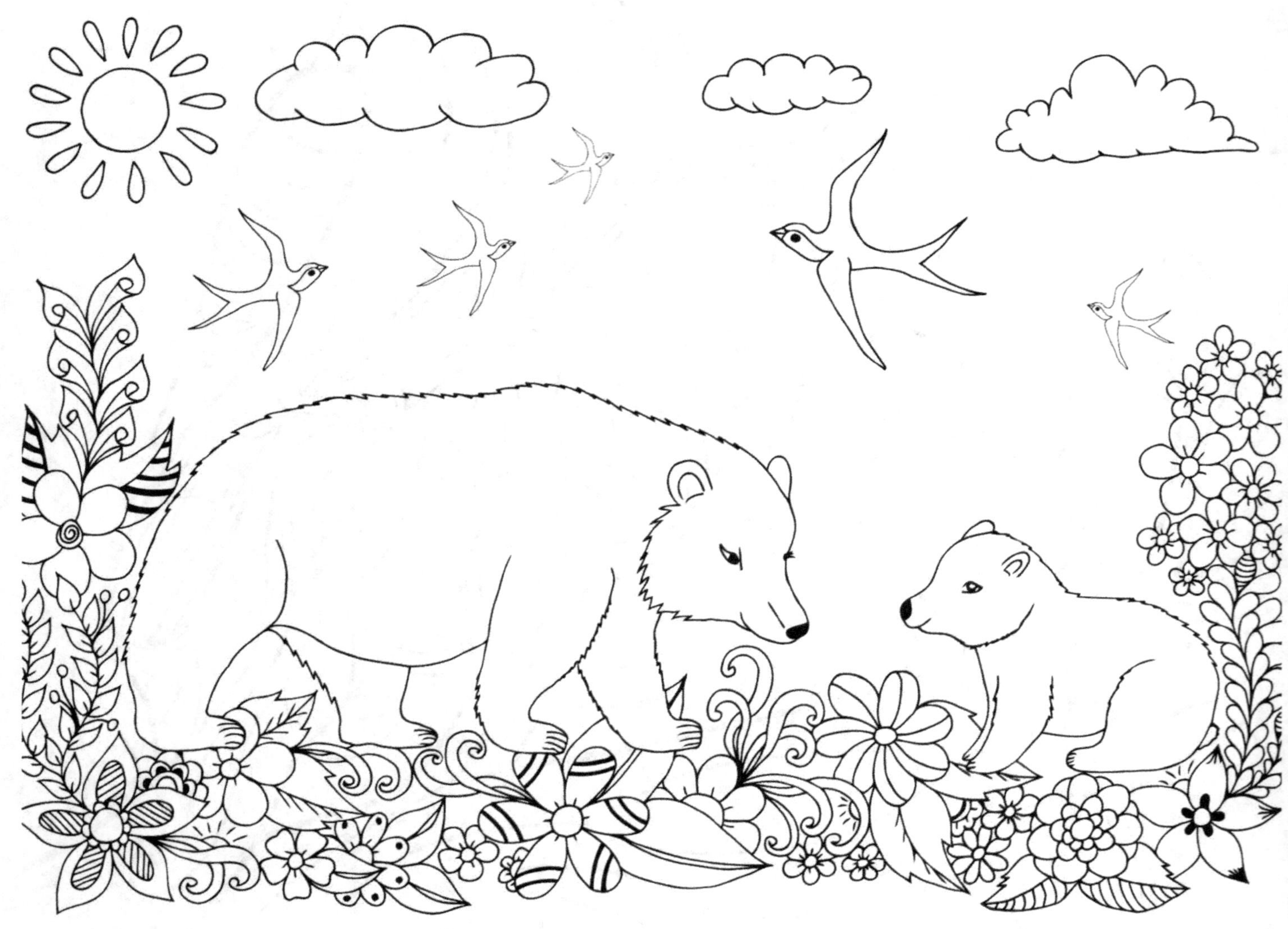

9 781635 893205